INMIGRANTE CONCEPTOS:
VÍAS DE LA VIDA HACIA LA INTEGRACIÓN

Inmigrante Conceptos también está disponible en
Árabe como

مفاهيم المهاجر:
مسارات حياة الاندماج

Alemán como *Immigrant Konzepte: Lebenswege zur Integration*

Inglés como *Immigrant Concepts: Life Paths to Integration*

Próximos libros de esta serie

Psicología inmigrante: Corazón, Mente y Alma
Salud y bienestar de los inmigrantes

INMIGRANTE CONCEPTOS:

VÍAS DE LA VIDA HACIA LA INTEGRACIÓN

Joachim O. F. Reimann, Ph.D.
Dolores I. Rodríguez-Reimann, Ph.D.

Romo Books

Inmigrante Conceptos: Vías de la Vida Hacia la Integración
@2021, Joachim O. F. Reimann y Dolores I. Rodríguez-Reimann.

Todos los derechos reservados.

Publicado por Romo Books, Chula Vista, California

ISBN 978-1-955658-02-7 (libro en rústica)
ISBN 978-1-955658-03-4 (e-book)
Número de control de la Biblioteca del Congreso (USA): 2021920472

Publisher's Cataloging-In-Publication Data
(Prepared by The Donohue Group, Inc.)
Names: Reimann, Joachim O. F., author. | Rodríguez-Reimann, Dolores Isabel, author, translator.
Title: Inmigrante conceptos : vías de la vida hacia la integración / Joachim O.F. Reimann, Ph.D. [y] Dolores I. Rodríguez-Reimann, Ph.D. ; traducción al español por Dolores Rodríguez-Reimann, PhD.
Other Titles: Immigrant concepts. Spanish
Description: Chula Vista, California : Romo Books, [2021] | Translation of: Immigrant concepts. | Includes index.
Identifiers: ISBN 9781955658027 (libro en rústica) | ISBN 9781955658034 (ebook)
Subjects: LCSH: Immigrants--Cultural assimilation. | Emigration and immigration--Social aspects. | Social integration. | Immigrants--Employment. | Immigrants--Health and hygiene. | Emigration and immigration--Psychological aspects.
Classification: LCC JV6342 .R4518 2021 (print) | LCC JV6342 (ebook) | DDC 305.906912--dc23

Este libro está destinado a proporcionar información precisa con respecto a su objeto y refleja la opinión y perspectiva del autor. Sin embargo, en tiempos de cambio rápido, asegurando que toda la información proporcionada sea totalmente precisa y actualizada en absoluto los tiempos no siempre son posibles. Por lo tanto, el autor y el editor no aceptan ninguna responsabilidad por inexactitudes u omisiones y específicamente renunciar a cualquier responsabilidad, pérdida o riesgo, personal, profesional o de otro tipo, en el que pueda incurrirse como consecuencia, directamente o indirectamente, del uso y/o aplicación de cualquiera de los contenidos de este libro.

Crédito de la imagen de la cubierta de la tierra: Meteosat-3 y Meteosat-4 observe la tierra (1993)/ESA, CC BY-SA 3.0 IGO

https://www.esa.int/ESA_Multimedia/Copyright_Notice_Images

Fases de Ajuste Gráfico adaptado de Hurt D. 2000 Adaptación de Refugiados en el Proceso de reasentamiento, La Alianza Nacional para la Salud Mental Multicultural

Consultor editorial: David Wogahn

Traducción al español por Dolores Rodríguez-Reimann, PhD.

Para Beate, Bernhard, Felipe y Héctor

CAPÍTULOS

PREFACIO

Por Dolores I. Rodríguez-Reimann, Ph.D.

Algunos dicen que la "intención" es un objetivo, por decir, que guía la acción o propósito. Wikipedia lo describe como un estado mental que representa un compromiso para llevar a cabo una o más acciones. Mis intenciones al escribir este libro son dobles. El primero es un acto de amor; una manera de narrar y honrar el trayectoria de mi propia vida, así como la migración de mi esposo, muchos de mis parientes, mis amigos, mis colegas y mis pacientes. Como tal, quiero darles, a usted lector, un marco que ayude a fomentar una mejor comprensión de las muchas piezas que componen una experiencia de inmigración.

En segundo lugar, con la ayuda de mi marido y compañero de vida Joachim, espero presentarles un modelo que detalla e integra las dimensiones psicosociales más destacadas implicadas. Desde esa perspectiva, queremos destacar las muchas fortalezas que los inmigrantes aportan con nuestra experiencia. También ofrecemos sugerencias, recomendaciones y formas de superar las barreras hacia una integración exitosa en nuevos entornos.

Por Joachim (Joe) O. F. Reimann, Ph.D.

Recuerdo claramente esa mi primera noche, a los diez años, en los Estados Unidos. Aunque cansados después de muchas horas de viaje al otro lado del Atlántico, mi familia y yo pasamos esa noche en una habitación de hotel de Los Ángeles viendo "Gunsmoke" en la televisión. Por supuesto que estaba en inglés, así que mi madre y yo entendíamos muy poco del diálogo. Pero el entretenimiento seguía siendo interesante. A medida que nos dirigimos a nuestro nuevo hogar al día siguiente, un mundo aterrador, pero también fascinante y completamente nuevo nos esperaba.

A un nivel muy personal, estos recuerdos impulsan mi interés en las en que la migración nos da forma. Dolores y yo compartimos el vínculo de amor, matrimonio y asociación. También somos inmigrantes. Sin embargo, nuestras experiencias personales son diferentes en términos de cultura, país, distancias que viajamos y circunstancias socioeconómicas de las que venimos. Dolores vivía más cerca de los Estados Unidos, mientras crecía en México y por lo tanto estaba más familiarizada con la cultura estadounidense.

En breve resumen, los viajes específicos que las personas toman pueden variar mucho. Pero Dolores y yo compartimos muchas similitudes en nuestra experiencia de inmigración. Espero que nuestras historias nos ayuden a hablar con personas de muchos orígenes diferentes en todo el espectro de inmigración. Al igual que con Dolores, tengo la intención de ofrecer información sobre cómo los inmigrantes pueden adaptarse y tener éxito en sus nuevos hogares. Eso nos beneficia a todos.

1

INTRODUCCIÓN
PERSONAS EN MOVIMIENTO

Los humanos hemos buscado nuevos lugares para vivir durante el tiempo que hemos estado en el planeta. Ya fuera nuestra migración de Africa Oriental hace aproximadamente 70.000 años, los polinesios navegando miles de kilómetros a través del Océano Pacífico para descubrir nuevas islas, los europeos que llegaron a las Américas, los refugiados cubanos que llegaron a la costa de Florida, la llamada "gente de barco" que salieron de Vietnam, o los ejecutivos que se trasladan a un nuevo país como parte de su negocio internacional, nuestros viajes han sido interminables.

Muchos viajes se narran en textos antiguos como la Torá y la Biblia, así como historias y cuentos de pueblos de todo el mundo. En México, por ejemplo, la leyenda del pueblo Nahua nos dice que siete tribus diferentes compartían una lengua común dejaron su nación ("Chicomoztoc") y se establecieron cerca de la mítica ciudad de Aztlán. Mientras los eruditos debaten la ubicación exacta de Aztlán, la leyenda dice que la ciudad fue gobernada por líderes despiadados que se hacían llamar Azteca. En consecuencia, los Nahuas se fueron de nuevo basándose en la profecía y la guía divina de su dios Huitzilopochtli. La profecía que siguieron decía que viajarían hasta que se encontraran con un sitio donde luego construirían una gran ciudad. Los nahuas sabrían la ubicación del sitio cuando vieron la señal: un águila devorando una serpiente en su pico arriba de un nopal en medio de un lago. La profecía se cumplió, y Tenochtitlan se convirtió en la capital de la civilización mexicana y del pueblo Mexica.

Otras historias conocidas incluyen varias migraciones en el mundo asiático. Estos incluyen la huida de refugiados de países como Vietnam y Kampuchea a Australia durante las décadas de 1970 y 1980.

Los viajes también se han convertido en un telón de fondo estándar en la mitología y nuestra literatura popular. Se describen en clásicos como Hércules y Beowulf así come al cine moderno (por ejemplo, Luke Skywalker). Los héroes típicos comienzan algo inocentes e inexpertos. Pero al enfrentar una multitud de desafíos físicos y mentales en la búsqueda, que emergen mejorados y a menudo (aunque no siempre) triunfantes.[1,2]

Como se narra en tales leyendas, textos religiosos y relatos históricos, muchas razones nos impulsan a emigrar. Estos incluyen la búsqueda de una vida y un futuro mejor, oportunidades económicas y profesionales, libertad religiosa y política, una huida de la violencia causada por la guerra y la persecución, y el deseo de escapar de zonas densamente pobladas por un lugar con menos personas y las dificultades que conllevan los recursos estirados. En resumen, las personas de una multitud de circunstancias sociales, culturales, económicas, étnicas, religiosas y de otro tipo migran.

El deseo de encontrar mayores oportunidades es una de las razones por las que alguien podría emigrar. Pero otros se ven obligados a escapar de su país debido a la guerra, la persecución, y las amenazas de las bandas criminales. Permanecer en casa podría significar que ellos y/o sus seres queridos serán esclavados o asesinados. En conclusión: algunos de nosotros migramos para buscar oportunidades y algunos de nosotros migramos porque no vemos otra opción.

El número de personas que migran en todo el mundo ha crecido rápidamente en los últimos años. Según el Departamento de Asuntos Económicos y Sociales de las Naciones Unidas, había alrededor de 272 millones de migrantes internacionales en 2019. Esto es un aumento de 14 millones desde 2017 y 51 millones desde 2010. Los migrantes representan aproximadamente el 3.5% de la población mundial.[3]

Las personas desplazadas que huyen de sus hogares conforman un número significativo de esta población. En el tiempo en que se escribió este libro, los patrones de migración forzada fueron impulsados por conflictos en marcha de varios tipos en el Medio Oriente, el Este de Africa, América Latina y otros lugares. La Agencia de las Naciones Unidas para los Refugiados, por ejemplo, a finales de 2019 la Agencia de la N.U. estima que 79.5 millones de personas en el mundo fueron desplazadas por la fuerza.[4]

Más concretamente, los refugiados de países del gran Oriente Medio (por ejemplo, Siria, Afganistán y Sudán del Sur) conforman un número significativo de refugiados del mundo. En el caso de la guerra civil en Siria, más de la mitad de la población de ese país se ha visto obligada a huir de sus hogares desde 2011. Esto incluye aproximadamente 6,6 millones de refugiados que buscan seguridad en los países vecinos (por ejemplo, Líbano, Jordania, Turquía, Irak y Egipto).[5]

Los países de la Unión Europea (UE) también han sido un destino importante. La Organización Internacional para las Migraciones (OIM) estima que alrededor de 1.046.600 migrantes llegaron a la UE en 2015, aproximadamente 766.600 más que en 2014.[6] Gran parte de esta tendencia continúa. Según

Eurostat, el número de primera vez solicitantes de asilo en la UE era 612.700 en 2019.[7]

La UE y Oriente Medio no son los únicos lugares con un gran número reciente de personas desplazadas. La Red de las Naciones Unidas sobre Migración, por ejemplo, estima que unos cinco millones de personas abandonaron Venezuela debido a la inestabilidad socioeconómica y la agitación política a mediados de 2020. Esta es la mayor crisis de desplazamiento externo en la historia reciente de América Latina. La mayoría de los venezolanos han permanecido en América del Sur (Colombia, Perú, Chile, Ecuador y Brasil. Pero eso también pone una carga adicional en esos países.[8]

Es especialmente preocupante que entre 30 y 34 millones (38-43%) la mitad de los desplazados por la fuerza mundial son niños menores de 18 años.[4] Algunos de estos menores viajan solos (sin sus padres o parientes). Esta es una preocupación obvia y demuestra cómo el desplazamiento forzado ha afectado a las vidas de los jóvenes.

Los Estados Unidos también han sentido la afluencia de personas de otros países. Muchos de ellos provienen de lugares africanos y de Oriente Medio. En 2015 aproximadamente el 46% se autoidentificó como musulmán, el porcentaje anual más alto registrado. Otros identificados como cristianos (44%), otras religiones o sin adherencia religiosa. Según la Oficina del Censo de los Estados Unidos, la migración internacional neta a los Estados Unidos disminuyó de 1.047.000 entre 2015 y 2016 a 595.000 a la población estadounidense entre 2018 y 2019.[9] Pero si bien las tendencias en torno a la inmigración varían con el tiempo, la historia sugiere que la migración mundial continuará sin cesar.

La atención popular a grupos específicos a menudo cambia. Informes recientes en los medios de comunicación estadounidenses se han centrado en caravanas procedentes de migrantes centroamericanos. Son conocidos como el Vía Crucis del Migrante.[10] Estas caravanas incluyen grandes grupos de personas que viajan desde la frontera entre Guatemala y México hasta la frontera entre México y Estados Unidos. La mayoría son del Triángulo Norteño de Centroamérica (Guatemala, El Salvador y Honduras).[11]

Según los informes, las caravanas grandes fueron organizadas por Pueblo Sin Fronteras. Los expertos han debatido la composición de las personas en estas caravanas. Algunos creen que están compuestos en gran medida por refugiados que solicitan asilo. Numerosas organizaciones de derechos humanos han documentado violencia y abusos en Centroamérica. Un informe de 2019 del Comité Internacional de la Cruz Roja, por ejemplo, nos recuerda que las tasas de violencia armada en El Salvador, Honduras y Guatemala son las tasas más altas del mundo.

Otras personas que trabajan en el tema sostienen que estos inmigrantes están compuestos por grandes concentraciones de migrantes económicos tradicionales. Las causas de la migración, así como la forma adecuada de asentar o deportar a los migrantes sigue siendo una fuente de mucho debate político dentro de los Estados Unidos y otros países de todo el mundo. Esto incluye complejidades sobre lo que cumple con el requisito legal de asilo.

También vale la pena recordar que la inmigración no sólo implica que las personas escapen de malas situaciones. Eurostat informa de que, en 2018, 2,6 millones de ciudadanos no pertenecientes a la UE obtuvieron el derecho a vivir y trabajar en la UE a través de permisos relacionados con las empresas.[12]

El Departamento de Estado de los Estados Unidos señala que cada año fiscal se emiten aproximadamente 140.000 visas de inmigrante basadas en el empleo. Además, se emitieron 389.579 visas de estudiante en los Estados Unidos durante 2018.[13]

Todos los números citados anteriormente pueden sentirse abrumadores: millones aquí y millones allí. Se los presentamos para hacer un punto principal: la inmigración es un tema importante que afecta a muchas vidas que requieren una atención proactiva, reflexiva, objetiva y continua de la sociedad en general.

Migrar a un nuevo país presenta tanto desafíos como beneficios potenciales para los inmigrantes y para el nuevo territorio en el que están entrando. En las mejores circunstancias, una afluencia de nuevas poblaciones tiene el potencial de vitalizar a los países de acogida con nueva energía humana. Por lo contrario, los fracasos migratorios resultan en dificultades tanto para los propios migrantes como para la sociedad en general. Proporcionamos algunos ejemplos detallados en capítulos posteriores.

En resumen, la migración de personas, especialmente cuando vienen en gran número, tiene que ser gestionada bien por los países anfitriones, así como por los sistemas internacionales de apoyo. Tiene que haber esfuerzos colaborativos y coordinados. De lo contrario, las infraestructuras sociales pueden verse desbordadas. En este contexto, es importante decir que cualquier sistema puede ser dominado cuando el número de inmigrantes simplemente excede su capacidad. Como tal, no tiene sentido tener un enfoque completamente abierto. Pero la migración es una realidad, es poco probable que cambien las opiniones sociales del momento. Tenemos que abordar esa realidad de la manera más eficaz posible.

Este libro presenta una visión general de los elementos esenciales clave que creemos que pueden ayudar a los inmigrantes a tener éxito en su adaptación a una nueva sociedad. Nuestros veinte años de trabajo profesional en teoría psicológica y práctica clínica, salud pública y otras investigaciones (competencia cultural, evaluaciones forenses), y el desarrollo de la fuerza laboral proporcionan el telón de fondo de nuestra experiencia en ayudar a los inmigrantes a adaptarse a su nuevo hogar. Pero igualmente importante, se basa en nuestras historias de inmigración personal y familiar. Creemos que este libro será útil para los inmigrantes, así como los profesionales y otros que trabajan directamente con ellos. Además, esperamos que ayude a dar forma a la política de inmigración.

En las siguientes páginas, le proporcionamos a usted, el lector, información sobre tendencias demográficas y describe conceptos psicosociales involucrados en la experiencia de inmigración. Hemos combinado estos conceptos en un modelo integrado que puede ayudar a crear una integración exitosa. Compartiremos algunas breves viñetas e historias para ilustrar los puntos que estamos describiendo. Finalmente, al final de cada sección, planteamos preguntas para que usted piense en su propia experiencia, la experiencia de un ser querido, o un amigo, compañero de trabajo o cliente. A medida que lea el libro, esperamos que podamos proporcionarle razón e información práctica para ayudarle en su viaje y proporcionarle la seguridad y espacio informativo que le permitirá pensar en sus experiencias de éxito y sus luchas. Ningún libro sobre inmigración estaría completo sin las sugerencias y recomendaciones que proporcionamos que seguramente le ayudarán a navegar por el mundo a veces complicado de la inmigración. Hemos caminado por el mismo sendero y queremos pasar esa experiencia.

Antes de comenzar, algunos puntos de aclaración:

En algunas partes de este libro, describimos los síntomas asociados con ciertos tipos de trastornos psiquiátricos. Esto se basa en nuestra experiencia clínica trabajando con personas que tienen antecedentes de trauma u otras circunstancias relevantes. Pero tales descripciones no se pueden usar para diagnosticarlo o tratarlo. Eso sólo puede ser hecho por un profesional con el que trabajas directamente. Por lo tanto, si te encuentras preocupado por cualquiera o todos los conceptos descritos en este libro, por favor dirígelos con un proveedor de salud mental. Si no está conectado con un terapeuta, hable con su médico de atención primaria que puede hacer las recomendaciones apropiadas y referencias para tratamiento si es necesario.

A lo largo de este texto, destacaremos conceptos y temas que son "típicos" de la experiencia inmigrante como se cita en la literatura de investigación. Pero reconocemos plenamente que todos somos individuos con nuestra propia historia distinta que contar. Los inmigrantes, como grupo, tienen tanta diversidad dentro del grupo como cualquier otro grupo.

En este libro, utilizamos varios términos, incluyendo "migrantes", "inmigrantes", "refugiados" y "buscadores de asilo". A menudo, los medios de comunicación también utilizan la palabra "extranjeros" sobre los inmigrantes. No utilizamos este último término ampliamente, pero definiremos todos los términos en el glosario del libro para más aclaración. Por ahora, y para que sea más fácil, definiremos ocho de los términos más utilizados a continuación. Nos esforzamos por utilizar todos estos términos y descripciones respetuosamente.

Extranjero se utiliza a menudo para describir a una persona de fuera de su país. Aunque no siempre es así, el término se utiliza a veces en un contexto negativo o despectivo. (Para ser discutido con más detalle más adelante).

Un *Inmigrante* es una persona que ha venido a vivir permanentemente en un país que no es su lugar de nacimiento y / o ciudadanía. La clave aquí es la palabra "permanentemente." Como tal, no se aplica a las personas que son turistas o que visitan un condado extranjero para trabajar temporalmente.

Un *Migrante* es una persona que está en el proceso de moverse entre un lugar o país y otro (excepto para los turistas y otros viajeros muy temporales). Esto se aplica a veces a las personas que vienen a un país extranjero a trabajar (por ejemplo, trabajadores agrícolas migrantes) con la posible intención de regresar periódicamente a casa.

Refugiado se refiere a las personas que se han visto obligadas a emigrar fuera de su país de origen debido a las amenazas sobre sus vidas y el peligro para sí mismos. Este término es complicado porque a veces se aplica ampliamente a cualquier inmigrante que se vio obligado a emigrar. Pero sobre una base más formal, tiende a referirse a un estatus legal específico. Por ejemplo, de acuerdo con el título VIII de la Sección 1100 y 1A 42 del Código de los Estados Unidos, un refugiado es un extranjero que no puede o no está dispuesto a regresar a su país por persecución, o un temor fundado a la persecución, debido a la raza, religión, nacionalidad, pertenencia a un grupo social en particular u opinión política. Una persona no puede calificar para este estatus si ha perseguido a otros, ha sido reasentado firmemente en un tercer país o ha sido condenado por ciertos delitos graves. (por ejemplo, delitos graves, contrabando, participación en violencia doméstica). Los parámetros jurídicos específicos que dictan el estatuto de refugiado tienden a variar de un país a otro.[14]

Asilo es un término utilizado en el contexto de los refugiados a los que se les ha concedido un estatus migratorio legal específico en un país en el que han entrado. Para que se les conceda asilo, las personas tienen que demostrar que fueron perseguidas en el pasado, o que tienen un temor fundado de ser perseguidos en el futuro en caso de que regresen al país de origen. Dado que las personas que huyen de sus hogares, a menudo con prisa, no tienden a tener mucha documentación formal sobre las amenazas físicas y/o psicológicas que estaban bajo su hogar, demostrando tales circunstancias en un tribunal puede ser un desafío.

País de Origen es el país del que provienen las personas (por ejemplo, por nacimiento, ciudadanía, etc.)

El *País Anfitrión* es el nuevo país en el que han entrado los inmigrantes.

Los *Estudiantes Extranjeros* son aquellos que vienen a estudiar a un país extranjero bajo una visa educativa particular. En los Estados Unidos, los estudiantes extranjeros tendrán una visa F-1 o M-1. Los estudiantes que estudian en un país que no es el suyo a menudo lo hacen con la premisa de que volverán a casa cuando los estudios se realizan.

Otra nota sobre el lenguaje y los términos: Sabemos que las personas son una suma de todas sus identidades. Respetamos todas las identidades como gays, bisexuales, neutrales de género o sin prejuicios. La orientación sexual es un factor que puede influir en muchos elementos de la migración (y se abordará en partes de este libro). Somos conscientes de que el término Latinx se ha convertido en una preferencia entre algunas personas de origen latinoamericano. Estos individuos prefieren el término porque presenta una alternativa de género neutral o no binario a latino o latina. Nosotros, sin embargo, también somos conscientes de que este término no ha sido reconocido por una parte significativa de la comunidad latina.[15] Por lo tanto, utilizamos los términos latinos/latino en este libro, pero reconocemos las complejidades de la identidad sin excepción.

También utilizamos el término "negro" en lugar de "afroamericano" para referirse a las personas de piel más oscura, de origen o descendencia africana subsahariana. Las dos razones principales para hacerlo son las siguientes: En primer lugar, nuestro texto tiene un enfoque internacional, mientras que "afroamericano" es un término más específico de los Estados Unidos. En segundo lugar, "afroamericano" está asociado en gran medida con la historia de la esclavitud en los Estados Unidos y no se conecta con la experiencia de los migrantes recientes. Entendemos que todavía no hay un consenso completo sobre qué término es preferido por el pueblo de origen africano en los Estados Unidos.

A lo largo del libro, usaremos viñetas (historias personales) para ilustrar los puntos descritos. Estas viñetas no revelan ninguna información de identificación de ninguna persona con la que hayamos trabajado o colaborado. Más bien, son una amalgama de nuestra experiencia y conocimiento. Ninguno de los nombres utilizados a lo largo de este libro (excepto los nuestros o familiares de quienes tenemos permiso) identifica a personas específicas. Los nombres se utilizan únicamente para la ilustración y cualquier parecido con las personas, muertas o vivas, es pura coincidencia.

2

INTEGRACIÓN EXITOSA
UNA BREVE DESCRIPCIÓN GENERAL

Adaptarse a las nuevas circunstancias puede ser estresante, incluso en las mejores circunstancias. Digamos que acabas de comprar una casa nueva. Es hermosa, la que siempre has querido. El día de la mudanza, te encuentras sentado entre una tonelada de cajas. Aún no se ha organizado nada; no se establece nada; encontrar cosas, incluso si las cajas están etiquetadas—es un desafío y puede ser frustrante. ¿Y exactamente qué pasó con los artículos de tocador?

El movimiento interrumpe las rutinas en entornos desconocidos. No es de extrañar, esto puede causar algo de angustia. Ahora imagina que no te mudas al otro lado de la ciudad, sino a un nuevo país. No sabes dónde están y cómo funcionan las cosas y a menudo sus nuevos vecinos están usando un idioma que usted no entiende. Esto puede plantear una serie de preguntas: ¿Cómo encajas en tu nuevo país? ¿Será demasiado difícil? ¿Te aceptará la gente local? ¿Perderás parte o toda tu identidad si te adaptas a este nuevo lugar?

Un factor de estrés adicional puede ser el empleo y la educación. ¿Aceptarán las personas de su nuevo país su educación y experiencia? Algunos inmigrantes tienen muy poca o ninguna educación. Incluso cuando las personas son altamente calificadas, sazonadas y educadas (como médicos o abogados), los países de acogida tienden a no aceptar fácilmente sus credenciales. Si usted fue reclutado por un empleador para trabajar en un nuevo país y sus calificaciones fueron investigadas por adelantado a través de una visa E1 o E2, trabajo, y objetivos profesionales, esto no es un problema. Pero de lo contrario, encontrar trabajo como profesional o como trabajador no calificado puede ser una barrera significativa para una adaptación exitosa a su nuevo entorno.

La literatura científica y clínica reconoce que los grupos cultural y lingüísticamente distintos que migran a un nuevo país se encuentran con factores de estrés psicosociales, a veces por más de una generación. Incluso las reubicaciones relativamente menores en circunstancias positivas pueden ser exigentes.[16] No es de extrañar que la aculturación a un nuevo país (por ejemplo, adquirir un nuevo lenguaje, adaptarse a diferentes reglas sociales, cambios en el estatus social), sea a menudo innatamente estresante.[17]

Estas dificultades han sido reconocidas en los libros de diagnóstico formales que abordan las dificultades psicológicas asociadas con la migración. A partir de su cuarta edición, el Programa de Diagnóstico y Estadística de Trastornos Mentales de la Asociación Americana de Psiquiatría enumeraba el "estrés de aculturación" (DSM-IV-TR) y más tarde "dificultad de aculturación" (DSM 5) en los términos de diagnóstico que utiliza.[18,19]

La Clasificación Internacional de Enfermedades, décima edición (ICD-10) también tiene esa clasificación (Código Z60.3).[20] En algunos casos, esas dificultades pueden extenderse a la segunda y tercera generación, especialmente si persiste un bajo estatus socioeconómico o aislamiento social.[21,22]

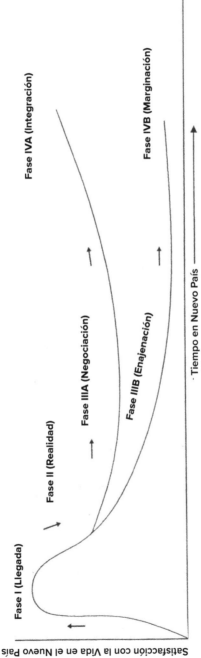

FASE DE ADJUSTE DESPUÉS DEL REASENTAMIENTO

Fase I (Llegada)
Fase II (Realidad)
Fase IIIA (Negociación)
Fase IIIB (Enajenación)
Fase IVA (Integración)
Fase IVB (Marginación)

Tiempo en Nuevo País

Satisfacción con la Vida en el Nuevo País

Las experiencias que las personas traen con ellos a su nuevo hogar pueden ser difíciles. Por ejemplo, un número considerable de inmigrantes de Oriente Medio han sido sometidos a eventos traumáticos, persecución, encarcelados, y tortura.[23] De igual modo muchas personas que vienen del Triángulo Norte en Centroamérica han sufrido amenazas y violencia entre pandillas. Esto puede dejar cicatrices físicas y psicológicas.

Varios académicos han propuesto un modelo que muestra los pasos que los inmigrantes tienden a pasar en su adaptación a un nuevo país.[24] Una representación común de este modelo es la siguiente:

En la primera fase de "llegada" puede haber emoción y fascinación por estar en un nuevo lugar. Si la gente ha escapado de circunstancias peligrosas, también puede haber un alivio y una sensación de seguridad. Pero también puede haber cierta confusión sobre el nuevo entorno. En "Fase II" la realidad pega. Esto puede implicar una creciente conciencia de que el ajuste es difícil. La decepción puede establecerse, especialmente si el inmigrante llegó con nociones poco realistas de los beneficios que un nuevo país tiene para ofrecer. La Fase II también puede verse afectada por experiencias en las que el inmigrante es discriminado en función de sus orígenes. Las reacciones a estas circunstancias van desde el miedo y la ira hasta la frustración. Además, muchos inmigrantes pueden sentir la pérdida de su país de origen. El pronóstico de la "comprobación de la realidad" de la Fase II tiene un impacto significativo en su éxito posterior. En este proceso, la estabilidad y el apoyo de la familia, la salud y la resiliencia personal fomentan resultados positivos. El pronóstico de la gente en la Fase II puede conducir a un futuro que sea más libre de problemas emocionales y físicas y menos vacilación para probar nuevos esfuerzos como encontrar trabajo, hacer amigos y disfrutar de la vida en general.

La Fase III implica realmente dos caminos alternativos. Una, a menudo etiquetada como "negociación" implica que el inmigrante tome la iniciativa, desarrolle redes sociales, aprenda nuevas habilidades (por ejemplo, idioma) y encuentre roles sociales positivos para asumir. En el lado negativo, la "alienación" implica volverse retraído, desesperado y apático. No es de extrañar que este camino conduzca en última instancia a disfunciones familiares, dependencia de los demás, desempleo y, en algunos casos, incluso problemas legales.

La "integración", el camino más positivo, tiene el potencial de conducir a un mejor ajuste psicológico y social, aumento de la autosuficiencia, confianza en sí mismo, habilidades útiles y una perspectiva más esperanzadora hacia el futuro.

En los siguientes capítulos, este libro aborda con mayor detalle conceptos que creemos que son importantes para una integración exitosa. Hablamos de educación, salud económica, física y mental, y otras circunstancias sociales. También abordamos las posibles barreras al éxito, la importancia de la resiliencia, y recomendaciones de cómo se pueden superar las barreras a través de las fortalezas personales y la capacidad de construir redes sociales y apoyos. En ese proceso, es importante recordar que, como inmigrantes, no necesariamente tenemos que renunciar a lo que somos en nuestro núcleo para "integrar con éxito" o adaptarnos a nuestros nuevos hogares.

Preguntas que tal vez desee considerar:

- Al pensar en su propia experiencia de inmigración o la de un ser querido:

- ¿Cuáles son los factores, recuerdos y experiencias que siguen siendo más importantes para usted?
- ¿Fue el viaje en sí?
- ¿Cuánto tiempo tomó este proceso?
- ¿Qué experiencias tuviste en el camino?
- ¿Cómo describirías tu proceso de integración en tu nueva vida?
- ¿Crees que has tenido éxito?
- Si tuvieras que hacerlo todo de nuevo, ¿harías algo diferente? (Si es así, ¿qué?)
- ¿Hay ideas y conciencia que otros puedan aprender de su experiencia?

3

INTEGRACIÓN
FACTORES Y DESAFÍOS

Cuando escuchas a la gente en los medios de comunicación hablar sobre qué camino conduce al éxito de los inmigrantes, a menudo se usan palabras como "asimilación". En este contexto de asimilación, como se pensaba en el pasado, implica que 1) tienes que renunciar a tu identidad —quién eres en tu núcleo— y convertirte en un "nuevo tú" en tu país adoptivo y 2) el "nuevo tú" tiene que encajar en la cultura predominante que se encuentra en ese país. Un "crisol" sugiere que todas las personas, incluidas las que son nativas de ese país, cambian para ajustarse a una norma cultural cambiante.

La idea de que las personas tendrán que cambiar quiénes son y cómo se ven a sí mismas en el mundo puede ser aterradora. Los psicólogos nos dicen que gran parte de nuestra identidad está formada por los grupos sociales de los que identificamos como eser parte. Cuando se nos pregunta "¿quién eres?", tendemos a responder con clasificaciones tales como género y/o orientación sexual (hombre/mujer/transgénero/gay/heterosexual/bi, etc.) roles familiares (por ejemplo, esposo/esposa/padre/madre), afiliaciones políticas, etnia/raza, afiliación religiosa, afiliación tribal, profesión o, más comúnmente, una combinación de estos (por ejemplo, una ingeniera negra). Todos estos son grupos sociales. Incluso nuestros nombres tienden a identificar nuestros orígenes étnicos y nacionales. Por ejemplo, "Rogelio" es un nombre en español; "Hans" es de origen germánico (aunque también es común en los países danés, holandés, noruego, islandés y sueco). Lo que te llamas a ti mismo es fundamental para quién eres. La idea de que tal vez tengamos que cambiar eso para encajar en algún lugar es a menudo angustioso.

Incluso si tenemos una sólida formación educativa y económica, hay desafíos. El grado de tu esfuerzo por cambiar y adaptarte dependerá de dónde vienes y a dónde vayas. Aprender un nuevo idioma no es fácil para la mayoría de nosotros, no importa nuestra historia personal. Pero incluso si su nuevo país utiliza su idioma nativo, es probable que encuentre muchas tradiciones, normas y requisitos diferentes. Los estudiantes internacionales, por ejemplo, tienden a tener más estrés relacionado con entornos académicos extranjeros.[25] Como abordamos en capítulos posteriores, su profesión elegida probablemente tendrá diferentes reglas y regulaciones en un nuevo país.

También hay otras diferencias menos evidentes pero muy importantes entre los países. Varios medicamentos no están aprobados para su uso en todos los lugares. Leyes sobre la conducción, la privacidad y el tabaquismo puede ser diferente. La lista continúa.

Una buena noticia es que, aunque es posible que tengas que cambiar la forma de hacer algunas cosas, no necesariamente tienes que cambiar la forma en que te ves a ti mismo en un nivel básico. Los investigadores que profundizan en los problemas de inmigración a menudo utilizan el término "aculturación" (a veces conocido como "enculturación"). Otro término de uso frecuente es "identidad étnica." Aunque hay cierta superposición entre estos conceptos, no son automáticamente lo mismo.

A continuación, analizamos estos conceptos en detalle. Pero en pocas palabras, la aculturación se centra más en las habilidades y hábitos que adoptamos en una nueva sociedad. Ejemplos típicos incluyen el lenguaje, la comprensión de las leyes y reglas de la sociedad, las señales de tráfico, etc. El término "identidad étnica" se centra más en cómo nos vemos e identificamos en nuestro núcleo.

La Aculturación

La aculturación se define formalmente como un fenómeno que resulta cuando grupos de individuos que tienen diferentes culturas entran en contacto continuo y directo. Esto conduce a cambios posteriores en los patrones culturales originales de uno y/o ambos grupos. En otras palabras, es cuando un inmigrante comienza adquirir y ajustarse a las normas de su país adoptivo. En el nivel más básico, caracteriza el proceso de cambio cultural de un individuo.[26]

En resumen, la aculturación, particularmente a nivel psicológico, implica la adaptación dinámica a la cultura del nuevo país. Ocurre en el contexto de las comunidades locales, las circunstancias económicas, y una serie de otros factores. La aculturación puede cambiar muchos aspectos de la vida de los inmigrantes. A menudo, un cambio muy importante es aprender un nuevo idioma. Pero actitudes básicas, puntos de vista políticos, situación económica, valores personales, preferencias dietéticas, qué entretenimiento disfruta la gente y en qué costumbres participa la gente también pueden evolucionar. Sin embargo, la aculturación no es, un proceso de "talla única que se adapta a todos". Como se describe a continuación, hay muchas maneras en que puede suceder. Gran parte de esto depende de las características del un individuo y el nuevo clima social en que el inmigrante se encuentra en su nuevo país.[25]

La aculturación normalmente ocurre en etapas y está influenciada, en gran parte, por la edad de la persona. Según la investigación, los niños aprenden un nuevo idioma más rápidamente que sus contrapartes adultas. También pueden ser capaces de hablar más fácilmente un nuevo idioma sin acento. Por el contrario, esto puede ser mucho más difícil para los adultos mayores.

Por lo general, las personas también tienden a aprender un nuevo idioma primero y luego buscan otras oportunidades para construir conexiones sociales más amplias (ya que tales oportunidades se abren con conocimientos del idioma). Sin embargo, hay casos en los que los inmigrantes han vivido en su nuevo país durante un tiempo prolongado y todavía no aprenden el idioma local. En tales casos, tienden a vivir en comunidades formadas por personas de orígenes similares, lo que les permite andar por su nuevo país manteniendo una fuerte identificación con los valores de su cultura original. Debido a que están alrededor de personas que hablan el idioma que conocen, los inmigrantes mayores pueden retener gran parte de sus identidades étnicas y nacionales originales. Sin embargo, no aprender el idioma de su país adoptivo significa que son menos capaces de acceder a todas las oportunidades que ofrece su nuevo hogar.

Como se muestra en parte anteriormente, la aculturación (o la elección de no aculturar) es un fenómeno psicológico complejo y multifacético. En el pasado, se pensaba que exigir que una persona deje de en medio las viejas formas de pensar y actuar para adaptarse a su nuevo país. Hoy en día, las filosofías en evolución sobre los procesos de aculturación, consideran los muchos caminos que un inmigrante puede tomar para sentirse como en casa en su nuevo país. Un modelo básico propuesto por John Berry[27] y ampliamente adoptado es el siguiente:

Modelo de aculturación		
	Tiende a mantener las normas del país de origen	No mantiene las normas del país de origen
Tiende a aprender y adoptar normas de nuevos países	Integrado (Bicultural)	Asimilado
No aprende ni adopta normas de nuevos países	Separado de la sociedad más amplia Sigue siendo tradicional para el país de origen	Marginado (o desarrolla algo completamente nuevo)

Al examinar estas cuatro cajas potenciales, los posibles resultados de la aculturación (o aculturación en menor medida) son los siguientes:

La Asimilación en este contexto significa que los inmigrantes han dejado de en medio las normas y prácticas asociadas con el país del que provienen y han sustituido estas prácticas por las de su nuevo país. Esta es esencialmente la vieja visión de la integración: la creencia de que, por definición, la gente tiene que dejar atrás las tradiciones del país de origen para aprender otras nuevas. La investigación ha demostrado ahora que este no es el único camino hacia la aculturación. Sin embargo, podría ser una estrategia para las personas que creen que su migración representa una ruptura limpia del pasado y un nuevo comienzo para un futuro mejor. También puede ser adoptado por aquellos que están en desacuerdo con las creencias comunes en su país de origen y / o que fueron perseguidos por sus diferentes creencias.

Cuestiones como la similitud entre el país de origen y el nuevo entorno (mismo idioma, las similitudes en la religión) así como las circunstancias políticas históricas, (como escapar de una sociedad que ahora está en guerra con el nuevo país anfitrión) durante la inmigración también pueden desempeñar un papel en si un inmigrante decide asimilar. Los padres inmigrantes pueden ver la asimilación como una opción más segura para sus hijos. También es probable que, en todas las familias inmigrantes, la asimilación se convierta en predominante con cada nueva generación. Los niños son más propensos a asimilarse que sus padres, y luego los hijos de los niños llevan ese proceso más lejos.

Para entender completamente la asimilación, también es importante considerar la historia. En los EE.UU. durante el siglo XVIII, por ejemplo, se esperaba que los inmigrantes se asimilaran y encajaran en la vida estadounidense, haciendo de la asimilación una construcción forzada para la inmigración.

La Separación es esencialmente lo opuesto a la asimilación e implica un grado relativamente limitado de aculturación. Esto a veces se refiere a ser "tradicional". Ocurre cuando los inmigrantes eligen mantener las normas de su país original y no adoptar las prácticas de su nuevo país. Hay muchas razones para tal resultado. Algunas personas que se someten a migración pueden creer que eventualmente regresarán a su país de origen. Por ejemplo, la guerra o la violencia pueden haberles obligado a irse. Pero se agarran a las normas de su país de origen, pensando que volverán cuando la situación "de vuelta a casa" se haya calmado.

Algunos también pueden creer que aprender un nuevo idioma es demasiado difícil, y sólo se sienten seguros cuando están rodeados de otros de su país de origen o pueden sentir que algunas prácticas del país en el que se encuentran. Es en contra de sus creencias morales o religiosas. El resultado pueden ser barrios étnicos que aíslan a los inmigrantes de una sociedad en general. Si bien la comodidad de lo familiar es comprensible, esta opción también es limitante en términos de éxito económico y participación general en una sociedad en general.

La Marginación es un término que se utiliza con frecuencia con los inmigrantes que no mantienen sus normas sociales tradicionales ni adoptan las de su nuevo país. Una suposición común, aunque a menudo incorrecta, es que las personas se encuentran esencialmente pertenecientes en ninguna categoría clara. Pero algunas personas, particularmente dentro de las generaciones más jóvenes, han desarrollado nuevas expresiones personales que no son evidentes automáticamente en su país de origen o en su nueva sociedad. Como se mencionó anteriormente, el proceso de aculturación continúa a través de generaciones y puede tomar nuevas formas con los hijos de los inmigrantes. En ese contexto pueden desarrollarse circunstancias únicas. Por ejemplo, en la década de 1940, la cultura mexicano-estadounidense, algunos jóvenes usaban trajes de Zoot, una moda única que puede haber sido derivada de las comunidades negras (especialmente músicos de jazz). Semejantemente en la cultura chicana lowrider, la gente personaliza los coches clásicos de maneras únicas. Dentro de los Estados Unidos y las tradiciones mexicanas no tienen esta forma de expresión. (Sospechamos que encontrar un lowrider en la Ciudad de México sería difícil.) En resumen, algunas personas adoptan esta estrategia aculturativos —inventar sus propias costumbres expresivas como cultura inmigrante— para desarrollar una identidad nueva y única para sí mismos.

La Integración, a veces llamada biculturalismo, es una estrategia en la que los individuos mantienen prácticas relevantes de su país de origen y también adoptan prácticas de su nuevo país. En otras palabras, las personas mantienen cierto grado de integridad de la cultura en el hogar y, al mismo tiempo, aprenden a participar como parte vital de la red social más grande de su nuevo país. Esto tiene el potencial de ser un enfoque "mejor de ambos mundos". Estar bien versado en dos o más referencias culturales da acceso a recursos que son útiles en una variedad de configuraciones. Convertirse en bilingüe o incluso en varios idiomas es un buen ejemplo de integración. Tiene el potencial de mejorar su éxito ya que hablar varios idiomas es muy apreciado en ciertas partes del mundo. Por supuesto, algunos aspectos de convertirse en biculturales son más fáciles y algunos son más difíciles. Aprender a leer las señales de la calle podría ser relativamente fácil. Pero negociar dos religiones diferentes (en el caso de emigrar a un país donde la religión predominante es marcadamente diferente a la suya) es menos viable.

¿Qué motiva a las personas a usar una de estas opciones? ¿Por qué algunas personas están más dispuestas a asumir las costumbres y prácticas de su país adoptivo, mientras que otras no lo están? Algunas razones ya se han discutido anteriormente. Pero hay muchas más circunstancias en las que pensar. La investigación en esta área continúa expandiendo nuestros conocimientos. Consulte algunos recursos sobre el tema al final de este capítulo.

En resumen, la aculturación se puede describir como el proceso durante el cual un inmigrante aprende (o no aprende) un conjunto de habilidades que serán necesarias para integrarse con éxito en la nueva sociedad más amplia. El proceso influye en muchos aspectos de la vida de un inmigrante. Esto incluye cómo las enfermedades, incluida la angustia psicológica, los servicios de salud y cómo los inmigrantes son recibidos por una sociedad en general. Abordaremos la aculturación y las percepciones y la atención de la salud mental, así como en los capítulos posteriores. Pero un aspecto particular, más directamente relacionado de la salud mental es el siguiente.

Estrés de Aculturación

Un proceso que requiere que las personas aprendan habilidades nuevas y diferentes, muchas de las cuales incluyen matices sutiles que pueden ser extremadamente desafiantes, a menudo causan estrés. Un posible resultado de la aculturación, entonces, es una acumulación de preocupaciones y ansiedad. Esto nos lleva al concepto de "estrés aculturativos". Dicha tensión se define como un marcado deterioro del estado de salud general de un individuo. Abarca aspectos fisiológicos, psicológicos y sociales que son explícitamente vinculados al proceso de aculturación. El grado de estrés aculturado experimentado por un individuo puede variar desde tensiones leves que mejoran gradualmente a medida que el individuo se adapta, hasta un estrés debilitante que empeora con el tiempo. Más comúnmente, individuos que experimentan estrés aculturativos muestran síntomas de ansiedad y depresión que pueden aumentar sin un sistema de apoyo social eficaz.

Como se señala en el capítulo 2, se ha reconocido el estrés aculturativos en los libros de diagnóstico formales que abordan las dificultades psicológicas asociadas con la migración. "Estrés de aculturación" y "dificultad de aculturación" se han utilizado como términos de diagnóstico (DSM-5).[19] La intensidad del estrés aculturativos tiende a depender de las similitudes o diferencias entre el país de origen de los inmigrantes y su nuevo país. Esto incluye las actitudes políticas y sociales de la nueva cultura anfitriona, especialmente hacia los recién llegados. No es de extrañar que cuanto más radicalmente diferente sea la cultura anfitriona en comparación con la del los recién llegados más estres aculturativos se experimentará.[28]

En general, para un inmigrante que es muy buscado debido a la experiencia profesional y / o que "se parece" a la población local (porque el país de origen y el nuevo país tienen idiomas similares, tradiciones, religión y composición étnica) la aculturación puede ser una propuesta comparativamente más fácil. Por otro lado, las personas que se ven "diferentes", que provienen de circunstancias socioeconómicas más bajas, o cuyos conocimientos y experiencia no son aceptados en su nuevo país (por ejemplo, médicos formados en el extranjero) tienden a tener más obstáculos que superar.

Como se ha señalado anteriormente, también hay componentes generacionales para la aculturación. Los más jóvenes suelen tener más facilidad aprender un idioma nuevo y con eso un nuevo papel en la dinámica familiar. Las familias que provienen de culturas más conservadoras también pueden sentirse mal y se sienten irrespetadas cuando sus hijos adoptan prácticas más liberales en su nuevo país. Mientras que, en general, los adolescentes en desarrollo a menudo desafían a sus padres durante los momentos más estables, cuando los cambios cerebrales del adolescente coinciden con la inmigración, el desequilibrio en la dinámica familiar puede ser más pronunciado. El proceso aculturativo, como se señaló anteriormente, puede extenderse a través de varias generaciones, con cada uno actuando en realidades específicas de la edad y el tiempo.

Teniendo en cuenta lo anterior, los padres e hijos inmigrantes pueden vivir cada vez más en lo que equivale a mundos diferentes. Los padres a menudo tienen poca comprensión de la vida de sus hijos fuera del hogar. Por otro lado, los niños se enfrentan a hacer lo mejor con las expectativas de una cultura en el hogar y otra en la escuela. Esto puede dejarlos indecisos para plantear cualquier problema con sus padres porque esos padres no conocen la nueva cultura lo suficientemente bien como para proporcionar "buenos consejos". Los niños también pueden preocuparse por poner estrés adicional en sus padres.

La investigación ha encontrado conexiones entre la adquisición del lenguaje de los adolescentes latinos, la familia y la sociedad en general. En promedio, aquellos que habían aprendido menos inglés se vieron más favorablemente (esencialmente como mejores hijos) por sus familiares y amigos inmediatos, mientras que aquellos que habían aprendido más inglés tuvieron experiencias más positivas en todas las demás áreas de la vida como la escuela.[29] La pérdida de la cercanía familiar puede ser una fuente de estrés para los adolescentes. La sensación de que tienen que decidir entre la familia y el éxito en el mundo en general no es una opción fácil para ellos. Los padres pueden estar molestos si se sienten abandonados por sus hijos. Luego, los niños se quedan en esa angustia que puede hacerlos ansiosos.

El estrés aculturado también tiende a ser grave entre los refugiados. Pero su experiencia no es única. Por ejemplo, los niveles de estrés aculturativos reportados por los estudiantes internacionales pueden acercarse al de los refugiados, lo que podría ser sorprendente al principio. Esto puede ser el resultado de que los estudiantes internacionales probablemente tengan un límite de recursos personales cuando ingresan a un país anfitrión. Su experiencia como estudiantes también podría causar múltiples desafíos superpuestos ya que, además de enfrentar problemas generales de aculturación, los estudiantes enfrentan tensiones académicas tradicionales. Este estrés se agrava porque tienden a carecer de los sistemas de apoyo personal que los estudiantes domésticos pueden aprovechar. El efecto combinado de los factores estresantes, junto con la posible falta de recursos disponibles para ayudar a los estudiantes internacionales y la transición a toda la sociedad, hacen que los estudiantes sean altamente susceptibles a los efectos nocivos del estrés aculturativos. Además de experimentar una mayor proporción de enfermedades relacionadas con el estrés, los estudiantes internacionales tienden a no buscar ayuda psicológica por miedo al estigma. Esto agrava de nuevo el problema.[25]

En resumen, no es de extrañar que la aculturación pueda ser estresante. La literatura de investigación lo ha relacionado con dificultades emocionales (por ejemplo, depresión, ansiedad y soledad), abuso de sustancias, problemas físicos, tensiones en las relaciones familiares y otras luchas. También hay evidencia significativa de que algunos grupos se ven más afectados que otros. Uno de esos factores es si la migración de una persona fue voluntaria o no. Los migrantes involuntarios experimentan un 50% más de estrés aculturativos que los que abandonaron su país de origen en circunstancias más positivas. Como se describió anteriormente, la dinámica familiar también puede ser estresante, así como las reacciones negativas que los inmigrantes podrían experimentar por las personas en la sociedad en general. Lo discutiremos en la sección "discriminación" a continuación.

¿Qué puede ayudar a que la aculturación sea menos estresante? La investigación ha relacionado menos preocupación con la edad más joven en la migración y los niveles más altos de educación. Algunos estudios también han encontrado que un deseo o al menos una voluntad de aculturar puede reducir el estrés.[30] Esfuerzos de una sociedad más amplia para desarrollar y los sistemas sociales integrados que ayudan a los recién llegados a tener éxito contribuirían a una solución.

Sin embargo, la aculturación no es el único desafío al que se enfrentan los inmigrantes cuando interactúan con su nueva cultura. Otro elemento es cómo nos identificamos en nuestro núcleo. Esto nos lleva a una discusión sobre la identidad étnica.

Identidad Étnica La Dra. Jean Phinney, una destacada experta en el área de la identidad étnica, lo ha definido como "un aspecto perdurable y fundamental del yo que incluye un sentido de pertenencia a un grupo étnico y las actitudes y sentimientos asociados con esa membresía".[31]

Más informalmente, la "identidad étnica" se puede describir como la elección de identificarse con los grupos a los que sentimos un parentesco. Para los inmigrantes, la identificación a menudo implica un reconocimiento de que, en su nueva sociedad (como en la mayoría de los lugares del mundo), lo que usted se llama a sí mismo y con quien te asocias puede tener un impacto dramático en la forma en que otros te tratan. Eso implica no sólo "aprender las reglas del juego" (aculturación) pero también entender que las "reglas se aplican de manera diferente dependiendo de quién seas".

Subestimar el poder social que diferentes grupos ejercen en la sociedad en general es parte de la toma de decisiones de los inmigrantes y a menudo dirige las decisiones que las personas toman. Esencialmente la teoría de la identidad social[32] señala que las personas tienen dos maneras básicas de mejorar su bienestar si, por ejemplo, son miembros de un grupo comparativamente de baja potencia / bajos recursos. Pueden tratar de unirse a un grupo con más poder o encontrar maneras de aumentar su propio poder del grupo. Fenotipo (por ejemplo, color de piel), etnia, idioma, acentos, religión (por ejemplo, aquellos que requieren ropa distintiva), y otros factores pueden hacer que sea difícil para las personas ser aceptadas en un grupo dominante de alto poder (esencialmente para "pasar"). Esto deja esfuerzos para aumentar el poder del grupo de los que están. Históricamente la gente lo ha hecho probando una amplia gama de estrategias. Estos han incluido la promoción a través de las redes sociales, formas de arte, como la música y el cine, la promoción política, las protestas, las marchas e incluso la violencia, que no apoyamos. No es de extrañar que la discriminación impida que las personas obtengan poder social.

Discriminación

La Asociación Americana de Psicología (APA) define la discriminación como un trato injusto o perjudicial de las personas y grupos según características tales como raza, género, edad u orientación sexual.[33] Desde una perspectiva psicológica, la discriminación es un problema de salud pública. Según la Encuesta de Estrés en Estados Unidos del 2020, las personas que sienten que han sido discriminadas describen sus niveles de estrés generalmente más altos que aquellos sin tales experiencias.[34] Las consecuencias pueden ser problemas de salud física y mental, incluyendo ansiedad, depresión, obesidad, presión arterial alta y abuso de sustancias. Las personas pueden verse afectadas negativamente, incluso si no han sufrido discriminación personalmente. Sólo ser parte de un grupo que sufre ser discriminado puede causar ansiedad y preocupación. Además, la anticipación de la discriminación crea su estrés crónico propio. Las personas podrían evitar situaciones en las que esperan ser tratadas mal, posiblemente perdiendo oportunidades educativas y laborales.

¿Cómo es la discriminación entre los inmigrantes? Las estadísticas de la UE muestran que los norteafricanos (31%), los gitanos (26%) y los africanos subsaharianos (24%) reportan la mayoría de los incidentes debido a su origen étnico, racial o inmigrante. Los inmigrantes de segunda generación tienden a reportar más incidentes de discriminación, tal vez porque son más aculturados y por lo tanto más capaces de identificar tales incidentes por lo que son cuando ocurren. Muchos de los afectados (71%) reportado que no sabían a quién acudir en busca de ayuda.[35]

La encuesta del Reino Unido mostró además que la discriminación ocurre con mayor frecuencia en las arenas de atención médica (59%), el empleo o el lugar de trabajo (50%) y la vivienda (36%). Los actos más comunes de discriminación se basan estadísticamente en el color de la piel y los nombres de "sonido extranjero". Tales circunstancias son personalmente angustiosas. Pero también erosionan el sentido potencial de apego que los inmigrantes sienten a su nuevo país y el nivel de confianza que tienen en las instituciones de ese país.[35]

Aquí hay otro ejemplo: en los Estados Unidos se reportaron que hay aproximadamente 60.6 millones de latinos en 2019. Aproximadamente la mitad son inmigrantes y otro 23% son hijos adultos nacidos en los Estados Unidos de padres inmigrantes. En estos grupos, el 38% de los adultos informan que han experimentado discriminación durante el año anterior. Los incidentes incluyeron ser criticado por hablar español en público, que se les dijera que regresaran a su país de origen y que se les llamara nombres ofensivos.[36]

A veces, el hecho básico de que las personas son consideradas "extranjeros" es suficiente para desencadenar la discriminación. En los Estados Unidos tal etiqueta a menudo se refiere a los migrantes de México, China o Filipinas. En el Reino Unido se refiere comúnmente a personas de la India, Pakistán, Polonia e Irlanda. Algunas investigaciones han demostrado que hay prejuicios hacia los "extranjeros" sin importar de dónde vengan. Esto puede ser impulsado por el temor de que tomen puestos de trabajo y utilicen los servicios sociales a expensas de los ciudadanos nativos. Otros estudios han mostrado que las personas expresan actitudes más negativas hacia los extranjeros que son culturalmente diferentes de la población nativa porque plantean amenazas culturales.

Pueden producirse sesgos contra llegados y/o aquellos que son menos aculturados, incluso dentro del mismo grupo étnico. Por ejemplo, en algunos entornos de detención juvenil, los adolescentes mexicano-estadounidenses que hablan poco o ningún inglés son despreciados y a veces acosados por sus pares mexicano-estadounidenses más aculturados.

Sin embargo, no todas las estadísticas son terribles. En los Estados Unidos, aproximadamente el 30% de los latinos dijeron que alguien había expresado su apoyo a ellos debido a su origen latino.[36]

Cuando personas de todos los ámbitos de la vida son solidarias, hace una gran diferencia. Esto no se limita a, pero ciertamente incluye protecciones legales.

En los países desarrollados existen algunas leyes destinadas a proteger a las personas de la discriminación. En los Estados Unidos, por ejemplo, la Ley de Vivienda Justa[37] prohíbe la discriminación en la venta, alquiler, y la financiación de viviendas basadas en raza, color, origen nacional, religión, sexo, condición familiar y discapacidad. La Ley de Derechos Civiles,[38] la Ley de Discriminación por Edad en el Empleo,[39] y la Ley de Estadounidenses con Discapacidades[40] prohíbe la discriminación en el empleo por motivos de raza, color, sexo, origen étnico, edad y discapacidades. Si bien las leyes son importantes, no son toda la historia. Algunas violaciones son difíciles de probar en los tribunales. Como se describe a continuación, otros son difíciles de reconocer.

Una cierta discriminación es evidente. Pero los expertos dicen que también hay ejemplos más pequeños de sesgos diarios. Recibir un servicio deficiente en tiendas o restaurantes, ser tratado con falta de cortesía y respeto, o ser tratado como menos inteligente o menos confiable, puede ser más común que la discriminación "evidente". A veces se denominan "micro agresiones" estos actos son más sutiles. Pero pueden ser igual de perjudiciales para la salud y el bienestar como actúan más desfasados. Las personas que experimentan discriminación diaria a menudo sienten que están en un estado de vigilancia constante. Esa mayor vigilancia puede generar estrés crónico.[41]

Una palabra sobre "Discriminación Percibida"

Si lee literatura sobre el tema de la discriminación, puede ejecutar el término "discriminación percibida". En este contexto, la palabra "percibido" no pretende implicar que las experiencias de discriminación y racismo de las personas sean falsas. Más a menudo, las percepciones en torno a la discriminación son válidas. En todo caso, la discriminación puede no ser tan directa, pero puede encontrar expresiones más sutiles como ser excluido de vivienda o trabajos basados en raza, género, orientación sexual, etc. Pero el término "percibido" se utiliza a veces en la investigación porque son las percepciones o la conciencia de la discriminación las que tienden a impulsar actitudes y estrategias conductuales.

Nuestras Propias Historias:

Al escribir estos capítulos utilizamos nuestro conocimiento profesional para lo que creemos que son puntos importantes. Pero, después de haber "caminado por el mismo camino" nuestra discusión también está informada por nuestras experiencias personales de inmigrantes. Estos son algunos de esas experiencias:

Aculturación e Identidad: Una historia personal (Joachim O. F. Reimann)

Moverse de Alemania a los Estados Unidos (San Diego, California) a los 10 años en 1960 fue una aventura. Mis amigos en casa estaban celosos. Después de todo, los Estados Unidos era el lugar de las oportunidades y leyenda. Sucedían cosas importantes en los Estados Unidos, que fue representado más comúnmente por el horizonte de Nueva York. Lo más importante es que Estados Unidos fue el lugar donde hacían autos muy grandes con aletas de cola.

Pero la mayor exposición que tuve al idioma inglés fue una clase en el Realgymnasium, una escuela secundaria alemana que prepara a los estudiantes para la entrada a la Universidad. Allí aprendí la palabra "satchel" y fui en parte calificado por mi capacidad para emular un acento muy británico. No hace falta decir, aprender inglés era un desafío, y los libros del Dr. Seuss que se me presentaron en la escuela simplemente no era suficiente. No más existe tanto que el Gato en el Sombrero o Yertle la Tortuga podría asistirme.

Uno de los consejos más memorables fue que debería hacer algo sobre mi nombre. La gente en los EE.UU. simplemente no podía pronunciar el sonido "ch" en "Joachim." Resulta que hay un equivalente en español (Joaquín), pero nada en inglés. Lo que es peor, por tradición familiar tengo cuatro nombres: Joachim Oskar Ferdinand Reimann. El segundo y tercer nombre, intermedios son los nombres de mis abuelos. Eso aún fue mucho, incluso para mí.

Por lo tanto, había que tomar una decisión. Podría ser "Akim" o "Joe". Pero ambas opciones venían con equipaje. Akim es el nombre de un personaje de cómic en Europa (Google Akim Held des Dshungels). Por mucho que me parezcan interesantes los cómics, eso no era algo con lo que quisiera asociarme. Al mismo tiempo, "Joe" era un nombre común en las canciones durante ese período: "Oye Joe, ¿adónde vas con esa pistola en la mano?" y "Surfer Joe". Dado que estaba en el sur de California, Surfer Joe finalmente superó a la alternativa.

Como tal, tomar el nombre de Joe fue uno de mis requisitos para la aculturación. Al mismo tiempo, mi identidad se mantuvo, y sigue siendo, muy alemana. Sospecho que la mayoría de la gente me ve como alemán-estadounidense, excepto la gente en Alemania que solo me consideran como un americano. Así que, aunque todavía uso rutinariamente el nombre Joe para hacer las cosas simples para la gente, mis documentos formales, incluyendo mi pasaporte, publicaciones científicas y este libro, llevan mi nombre completo y real, con ambas iniciales medias. Estoy orgulloso de ser ciudadano de los EE.UU. Pero mi herencia alemana también cuenta.

¿He sufrido discriminación prevista? Lo dudo. Pero si viví ignorancia entre mis compañeros y un sistema educativo que no estaba preparado para responder a mis circunstancias de manera efectiva. Al principio, compañeros estudiantes, por ejemplo, me preguntaron si conocía a Jrushchov (el líder de la Unión Soviética en ese momento). Esta fue una pregunta desconcertante para mí. En una reflexión posterior, parece que, como

alemán, debí haber sido visto como uno de los malos.
Muchos programas de televisión en ese momento, como
Rat Patrol & Combat! no hizo ningún esfuerzo para distinguir entre los nazis y todos los alemanes. Jrushchov
era un tipo malo y, como tal, presumiblemente éramos
compañeros y salíamos juntos. Además, al final del
quinto grado, toda la clase tomó pruebas estandariza-
das. Después de no haber dominado el inglés, yo estaba
extraviado. Como resultado, las clases que me dieron se
volvieron muy fáciles hasta que, al regresar de una casa
abierta en el 7o grado, mis padres me hicieron algunas
preguntas puntuales. Como personas altamente educadas, estaban horrorizados de que su hijo había sido
puesto en clases para estudiantes de desarrollo atrasado
(utilizando el término de ese tiempo: retrasado mental).
Mi tiempo fácil en la escuela había terminado. Retomé
todas las clases durante el verano y finalmente terminé
en cursos avanzados (incluyendo inglés).

Si bien mi proceso de aculturación implicó desafíos,
era relativamente simple en comparación con las circunstancias a las que se enfrentaban las personas no
blancas, no europeas y menos educadas. Durante más
de 15 años, mi práctica clínica ha incluido el trabajo
con personas que han huido de Somalia y otras zonas
devastadas por la guerra. A menudo estos refugiados
han tenido que lidiar con los eventos traumáticos que
experiencia ron en su país de origen, largos períodos de
incertidumbre, vida en condiciones insalubres y empo-
brecidas (como los campamentos de refugiados super-
poblados), los temores sobre el estatus y la seguridad
de las personas que dejaron atrás, y los problemas para

adaptarse a nuevos países. No es de extrañar que algunas de estas personas desplazadas lleven cicatrices físicas y psicológicas. En el siguiente capítulo se analizan estos factores con más detalle.

Aculturación e Identidad Étnica: Una Historia Personal (Dolores I. Rodríguez-Reimann)

Como psicóloga, una parte regular de mi trabajo implica ofrecer una perspectiva cambiada, un nuevo contexto, que da a mis pacientes un espejo para ver las cosas de manera diferente. Eso facilita que la compasión, el perdón y la sanación se lleven a cabo. Por lo tanto, gran parte del trabajo es psico-educacional. En cualquier momento, aproximadamente del 45 al 70 por ciento (45%-70%) de mi práctica clínica está compuesta por pacientes inmigrantes. Por lo tanto, a menudo me tomaré el tiempo necesario para describir el significado de palabras como "aculturación", "identidad étnica", y "discriminación". Esto ayuda a los pacientes a entender mejor sus propias experiencias, dándoles un lenguaje con el podrían entender y verlo. Muchos de mis pacientes me han dicho que tener una "etiqueta", un "algo para llamarlo", les ayuda a tener más que una sensación de control sobre los problemas que les causan angustia. En ese proceso, hago un esfuerzo para señalar que, experimentar angustia, es la validación de que no hay nada "malo" con ellos, porque lo que están pasando a menudo, es difícil y doloroso. Regularmente me escucho decir, "... sabes, aculturar, aprender las nuevas reglas, averiguar quién eres, de dónde vienes y quién quieres ser, puede ser un proceso difícil". Me identifico con ellos, diciéndoles teniendo las mismas experiencias de discriminación "realmente apesta..."

En cuanto a mi experiencia personal como inmigrante, permítanme comenzar en el presente con mi identidad actual. ¿Quién soy y cómo llegué aquí? Me considero una latina mexicana-estadounidense, PhD., psicóloga clínica, esposa, hija, hermana y tía favorita de mis sobrinas y sobrino. Tengo la bendición de ser llamada amiga, colega y mentora por muchos. Pero lo más central de mi identidad, soy una sanadora con una práctica clínica diversa. Tengo el privilegio de que personas de muchos ámbitos diferentes de la vida se refieran a mí como "Doctora", o "Doc". Estas son personas que confían en mí para unirse a ellos en sus vías hacia su salud y bienestar. ¡Ahora, intenta escribir todo eso en una etiqueta de nombre en una conferencia! A menudo les digo a pacientes que soy "muy aculturada". Desde que emigré a los Estados Unidos cuando era adolescente, he logrado obtener un doctorado en Psicología Clínica, dos maestrías (una en Psicología de Consejería, otra en Psicología Clínica), una licenciatura y un asociado grado en Artes Liberales.

Como inmigrante a este país a los quince años de edad, tuve que aprender las "nuevas reglas" del juego (mi descripción de la aculturación en versión corta). La educación y la carrera son áreas en mi propia vida que hacen evidente el proceso de aculturación (y elecciones) que hice para mi vida. Me veo a mí misma, como llama la literatura de investigación de psicología cultural, una Bicultural altamente integrada, lo que significa que puedo navegar fácilmente entre el idioma / tradiciones /

costumbres mexicanas y la sociedad anglo en general. Me refiero a mí misma como mexicana-estadounidense, una identidad que desarrollé cuando crecí en un pequeño pueblo, llamado Eagle Pass a lo largo de la frontera entre Texas y México. También me refiero a mí misma como latina, porque he vivido en el sur de California durante los últimos 30 años de mi vida. Como aculturada/bicultural mexicana-estadounidense latina, en su mayoría veo televisión y recibo mis noticias diarias en inglés. Pero mis opciones musicales van desde Juan Gabriel y Antonio Aguilar hasta Madonna, Rod Stewart y Celtic Women. Sin embargo, cuando se trata de royos familiares, he sido descrita por la gente que están cerca de mí, como "muy tradicional" en mi matrimonio con mi marido de treinta y tres años.

Preguntas Para Considerar

Nuestro trabajo profesional a menudo incluye la realización de evaluaciones forenses. Estas evaluaciones, que en parte se basan en pruebas psicológicas, son para procedimientos legales y audiencias. Utilizamos medidas psicológicas (cuestionarios) que nos indican dónde las personas caen a lo largo de dimensiones psicológicas específicas como la depresión, la ansiedad y la discriminación percibida. Imagine un gráfico de barras: cuanto mayor sea el número, más sustancial será la experiencia o los síntomas. ¿Dónde caerías en ese gráfico? ¿Cuánta/poca angustia emocional y discriminación ha encontrado personalmente?

- Si usted es un inmigrante, piense en su propia experiencia. ¿Cómo ha navegado a través del proceso de aculturación?

- ¿Qué hay de tu experiencia con el estrés aculturativos? ¿Qué ha sido (o es) particularmente estresante sobre eso para usted?
- Con respecto a la identidad étnica, ¿cómo te identificas?
- ¿Qué es importante para usted en ese proceso de identificación?

Recomendaciones

Tratando la Discriminación: Encontrando formas saludables de lidiar con la discriminación es importante para su salud física y su bienestar mental. Concéntrate en tus puntos fuertes. Tus valores fundamentales, creencias y fortalezas pueden motivarte a tener éxito e incluso amortiguar algunos de los efectos negativos. La superación de las dificultades también puede hacer que las personas sean más resilientes y más capaces de enfrentar los futuros desafíos.

Busca sistemas de soporte. Hay fuerza y comodidad en grupos. Los sistemas familiares son una fuente de poder y bienestar para muchos de nosotros. Pero, como los movimientos de derechos civiles de los Estados Unidos han demostrado a lo largo del tiempo, estos grupos pueden impulsar con éxito un cambio social y político, aunque venga lentamente. Pero ten en cuenta que no todos los que dicen ser tu amigo están ahí para ayudarte y apoyarte. Cometer violencia, deshumanizar a los demás, o afirmar que su grupo es mejor que todos los demás, aléjate de ellos con prisa.

No pongas fe en las declaraciones negativas hacia ti o tu grupo. Algunas personas "internalizan" los mensajes despectivos que escuchan. Ellos piensan que, cuando la gente dice repetidamente algo negativo sobre ti, debe ser verdad. Ciertamente es bueno estar abierto a la crítica constructiva y evaluarse en consecuencia. Los estereotipos negativos basados en la pertenencia a grupos raciales y afiliación étnicos y orígenes nacionales, orientación sexual/género, y otros datos demográficos, son perjudiciales. Estos estereotipos facilitan la pobreza, el odio, la violencia, la discriminación en la vivienda/trabajo y la angustia emocional.

Recursos de Aculturación:

Aquí esta una serie de libros populares que incluyen historias y anécdotas relevantes para la aculturación. No necesariamente usan el lenguaje académico, pero proporcionan en ocasiones atisbos humorísticos en la vida y experiencias culturales diarias de las personas. Algunos son ficción; algunas son reales. Para empezar, revisa las obras de autores como José Antonio Burciaga, Rudolfo Anaya, Alan Gratz y Nikesh Shukla.

Mas adelante en este libro describimos una forma organizada de avanzar hacia una integración exitosa. Describimos nuestro trabajo reciente con el **Grupo para la Integración de Inmigrantes (GIRA)**. Esto presenta un modelo de factores básicos que conducen a una integración exitosa. Esencialmente desarrolla una forma de medir estos factores a través de una medida llamada el Inventario Exitoso de Reasentamiento de Inmigrantes.

4

FACTORES PSICOSOCIALES

omo otras poblaciones, los inmigrantes pueden sufrir una amplia variedad de trastornos psicológicos, incluyendo psicosis, trastornos emocionales, discapacidades de aprendizaje, trastornos relacionados con sustancias, y otros problemas. Algunos inmigrantes, en particular los que sufren migración forzada, han sufrido alteraciones psicológicas relacionadas con traumas debido a la guerra, la tortura, la agresión sexual/coacción, la discriminación, violencia, robo, y una serie de otros eventos. La falta de estatus legal pone en riesgo particular a los inmigrantes indocumentados; son más objetivos a menudo porque los perpetradores saben que no habrá repercusiones. Por ejemplo, un informe del Washington Examiner del 21 de agosto de 2018, citó 2.200 muertes, 180.000 violaciones y relaciones sexuales forzadas, 81.000 casos fueron obligados a contrabandear drogas y 27.000 casos de contrabando humano durante un año.[42] Estos son casos actuales de los que sabemos, pero cuantos más habrá sin reportarse.

En otros casos, los niños secuestrados en zonas devastadas por la guerra o en pandillas, han sido reclutados para convertirse en soldados o pandilleros. Esto incluye drogar a los niños para disminuir sus inhibiciones para matar, adoctrinamiento intensivo, y asesinar a algunos niños como una advertencia a otros. Estos incidentes no muestran señales de disminución. Por ejemplo, en 2016, UNICEF confirmó 851 casos mundiales relacionados con el reclutamiento de niños soldados. Esto fue el doble del número de niños reclutados el año anterior. Los países prominentes fueron los de Oriente Medio, África y Centroamérica.[43]

No es de extrañar que los efectos a largo plazo de la violencia y los conflictos sobre la salud mental entre los refugiados incluyan altos niveles de angustia. Este es un ejemplo típico de nuestra práctica:

Un inmigrante de origen somalí de mediana edad es traído por parientes. Podría ser un hombre o una mujer. Pero en este ejemplo, supongamos que es una mujer. Está muy retraída y no habla. Sus familiares informan que ella también es igual en casa. Explican que, mientras vivían en Somalia justo después de que el régimen en el poder fue derrocado durante la guerra civil de 1991, los asaltantes llegaron a la casa. El cambio de régimen dejó a las personas que tenían ciertas asociaciones de clanes vulnerables a los ataques y la anarquía general se extendió por toda la región. Los asaltantes invadieron su casa, exigieron dinero, mataron a varios familiares, violaron a algunas de las mujeres, y golpearon a nuestra paciente sobre la cabeza con la culata de un rifle AK-47. Ella perdió el conocimiento durante un tiempo desconocido. La familia piensa que ellos se llevaron varios miembros de la familia con ellos, pero aún no están seguros. Hasta hoy esta desconocido el paradero de ciertos miembros de la familia.

No había servicios médicos significativos. Tan pronto como la familia en el hogar se recuperó lo suficiente para viajar, salieron de Somalia y huyeron a un campo de refugiados en Kenia. Allí se encontraron con

> condiciones apenas de subsistencia y sufrieron deman-
> das de extorsión por dinero por parte de personas de
> ese lugar. Afortunadamente, recibieron atención básica
> médica. Después de muchos años en el campamento,
> fueron declarados refugiados y enviados a los Estados
> Unidos, donde no sabían el idioma local (inglés), las cos-
> tumbres o a dónde ir para los servicios.

Dadas estas experiencias, no es de extrañar que algunos inmigrantes sufran trastornos mentales y necesitan tratamiento. Este
capítulo explorará estas cuestiones en el contexto de problemas
bastante comunes, necesidades de servicio, prácticas culturales,
preocupaciones de los inmigrantes sobre el acceso al tratamiento
y formas de superar tales aprehensiones. El abuso de sustancias
es un área adicional de preocupación. En este proceso, averiguar
lo qué es "cultural", qué es la psicopatología y qué entra dentro
de la categoría de rasgos de personalidad puede ser un desafío.
Más adelante en este capítulo proporcionamos un ejemplo de
caso de las complejidades involucradas.

Dificúltateles Psicológicas Comunes

La investigación de dificultades psicológicas comunes ha demostrado que la exposición al trauma relacionado con la migración
es un problema importante entre los inmigrantes. Un estudio,
por ejemplo, encontró que el 29% de los adolescentes nacidos
en el extranjero y el 34% de los padres nacidos en el extranjero,
muestreados, habían experimentado traumas en el proceso de
migración. Entre ellos, el 9% de los adolescentes y el 21% de sus
padres mostraron riesgo de trastorno de estrés postraumático
(TEPT). Viniendo en la pobreza, entrando EE.UU. ilegalmente,
experimentando discriminación en los EE.UU., y la inseguridad

de vida, todos aumentaron ese riesgo. El apoyo social y la cercanía familiar lo redujeron.[44]

Ejemplos de patrones similares se han encontrado en otras partes del mundo. Un estudio alemán, por ejemplo, encontró que los hombres con un "origen migratorio" eran más propensos a sufrir de TEPT, y la depresión que la población local.[45] Se encontró resultados similares en otros estudios en Europa, Estados Unidos y otras partes del mundo.[46]

Mientras que los inmigrantes, en su conjunto, tienden a ser ingeniosos y resistentes, el proceso de migración y adaptación puede tener un impacto emocional. Esto es particularmente cierto entre las personas que ya han experimentado eventos traumáticos como asalto, persecución y tortura en su país de origen. Nuestra investigación con personas del Este de África y el Medio Oriente Mayor, por ejemplo, encontró que las quejas comunes entre los adultos incluían impotencia, problemas de concentración, nerviosismo, dificultades para expresar sentimientos y pensamientos intrusivos sobre traumas pasados. No es de extrañar que aquellos que habían experimentado persecución en su país de origen y sufrieron más discriminación en los EE.UU. describió las dificultades más numerosas y graves.

Entre los adolescentes, los problemas comunes eran nerviosismo, frustración, sensación de abatimiento y enojo. Esto es consistente con otras investigaciones. Las observaciones sobre los niños refugiados sirios han demostrado, por ejemplo, que la continua inseguridad física amplifica y perpetúa la angustia. Sin sentimientos de estabilidad y seguridad, los niños traumatizados a menudo no pueden aceptar los hechos que han presenciado. Algunos estudios han estimado la tasa de TEPT en estos niños es el 76 por ciento.[47]

Otro grupo de alto riesgo son las mujeres y niñas refugiadas. Aquellos que huyen de sus países de origen para escapar de los traumas a menudo se encuentran con violencia sexual y esclavitud. La violación, incluida la violación en grupo de las mujeres y las niñas durante la guerra es a menudo una estrategia para subyugar, humillar y desmoralizar las sociedades. El mensaje es: sujétate o esto también te sucederá a ti o a tus seres queridos.[47,48]

Esto nos lleva ahora aclaremos en más detalle cómo se definen algunos trastornos mentales relevantes. ¿Qué es exactamente el TEPT? ¿Y la ansiedad y la depresión? ¿Qué otras cosas tenemos que pensar en ese contexto? Ya que ya hemos mencionado TEPT un poco por encima empecemos con eso. Primero aclaremos por adelantado que estas descripciones no están destinadas a ser exhaustivas. Si piensas que tienes los síntomas descritos, no asumas que tienes automáticamente el trastorno. Más bien, ve con un profesional que pueda revisar las dificultades con usted.

El Trastorno de Estrés Postraumático (TEPT)

El TEPT es un término del "trastorno relacionado con el trauma y el estresor" utilizado para describir los síntomas psicológicos que pueden desarrollarse en personas que han experimentado directa o indirectamente dificultades emocionales o físicas graves. Algunos ejemplos de posibles traumas son las experiencias de combate, los accidentes graves, las lesiones relacionadas con el trabajo, el abuso de niños o ancianos, la violación, la agresión, el terrorismo político y la persecución, las enfermedades potencialmente mortales y los desastres naturales.[19,20]

Como generalmente se describe en la literatura, las principales características del TEPT tienden a ser:

- reexperimentación persistente del trauma a través de sueños y pensamientos despiertos,

- entumecimiento emocional o evitación de experiencias relacionadas con el trauma
- síntomas como ira, ansiedad y/o depresión, dificultad para dormir y problemas cognitivos como la mala concentración.
- La culpa persistente y distorsionada de uno mismo u otros y los comportamientos imprudentes o destructivos también son bastante comunes.

No es de extrañar que, si bien el "TEPT" no se entró en el lenguaje diagnóstico hasta alrededor de 1980, las conexiones entre el trauma y las alteraciones psicológicas se han observado históricamente en muchas culturas. En el pasado, el trauma ha sido descrito como schreckeneurose (neurosis terrorista), choque de proyectiles, fiebre del soldado, fatiga de batalla y muchas otras etiquetas.[49]

El vínculo entre el trauma y las dificultades emocionales también ha sido reconocido en muchas culturas. Si bien las experiencias específicas varían,[50] hay puntos en común entre el TEPT y los llamados síndromes vinculados al cultivo que se han observado.[51] Ejemplos son el concepto latinoamericano de susto generalmente traducido como pérdida de alma o miedo al alma), y la descripción camboyana de los ataques khyâl (traducidos como ataques de viento).[52]

Ansiedad

La Asociación Americana de Psicología (APA,), define la ansiedad como "una emoción caracterizada por sentimientos de tensión, pensamientos preocupados y cambios físicos como el aumento de la presión arterial".[53] Hasta cierto punto, la ansiedad puede ser útil. Puede hacernos más vigilantes de los peligros potenciales reales y claves nuestras respuestas para "luchar o huir" para que podamos sobrevivir. Pero cuando una persona siente ansiedad regularmente a un nivel que no está justificado por una situación inmediata, puede convertirse en un trastorno mental. En circunstancias más extremas, los enfermos pueden experimentar ataques de pánico que incluyen aumento del pulso cardíaco, sudoración, dificultad para respirar y dolores en el pecho. Estas experiencias pueden sentirse como un ataque al corazón, lo que aumenta aún más la sensación de pánico.

La ansiedad ha sido descrita por varias etiquetas en diferentes culturas. Por ejemplo, las personas de países latinoamericanos a veces se refieren al ataque de nervios. Esto generalmente incluye síntomas como ansiedad aguda e intensa, ira, luto, temblores y sentimientos de calor en el pecho.[54]

Depresión / Suicidio

A lo largo de nuestras vidas, casi todo el mundo siente períodos de infelicidad y dejación. Pero para algunas personas, tales dificultades son más graves y de largo plazo y pueden clasificarse como depresión. Este es un trastorno mental, a menudo caracterizado por tristeza, aislamiento social, problemas para dormir, períodos de llanto, pérdida de interés en diversas actividades que fueron placenteras en el pasado, disminución de la energía física, reducción de la confianza en sí mismo, dificultades para concentrarse, así como una serie de otros síntomas. En circunstancias más graves puede conducir a ideas suicidas e incluso un suicidio completado. La depresión puede ser causada por estrés ambiental / problemas personales, adicción, factores biológicos / genéticos, enfermedades físicas graves, efectos secundarios de la medicación, y las secuelas del embarazo. Algunos episodios pueden ser cortos y transitorios, mientras que otros ocurren una y otra vez.

Las investigaciones han mostrado resultados mixtos al examinar las tasas de suicidio entre los inmigrantes. Algunos estudios han mostrado tasas más bajas de intentos de suicidio entre los inmigrantes en comparación con las poblaciones nativas. Otros han mostrado la tendencia opuesta. Los inmigrantes con mayor riesgo de intentos de suicidio parecen ser aquellos que son mujeres jóvenes de origen sudafricano y africano negro y se enfrentan a barreras lingüísticas, preocupándose por la familia en casa y la separación de la familia.[55] Es posible que no sepamos las verdaderas tasas de suicidio entre los grupos de inmigrantes debido a limitaciones en la forma en que se rastrea, o no se rastrea el comportamiento suicida, en varias comunidades.

El Abuso de Sustancias

La drogadicción es, por desgracia, un problema serio en todo el mundo. Según un informe de la Oficina de las Naciones Unidas contra la Droga y el Delito, 264 millones de personas utilizaron sustancias ilícitas en 2013.[56] La adicción se presta a multitud de problemas médicos, psicológicos y sociales como la actividad criminal, lesiones físicas, sexo sin protección y la transmisión del SIDA y otras enfermedades sexualmente comunicadas, accidentes automovilísticos, y el suicidio, incluyendo la dependencia mental y/o física. Las sustancias problemáticas incluyen drogas callejeras como heroína, metanfetamina, cocaína, LSD y una serie de otras sustancias, así como medicamentos recetados como opioides y benzodiazepinas.

Tres millones de ciudadanos estadounidenses y 16 millones de personas en todo el mundo han tenido o actualmente sufren de trastorno por uso de opioides (OUD,). Más de 500.000 personas en los Estados Unidos dependen de la heroína. El diagnóstico de OUD se realiza cumpliendo dos o más de los once criterios en un período de tiempo de un año.[57]

Los costos personales, sociales y financieros del abuso de sustancias son enormes. El Instituto Nacional de Abuso de Drogas de EE.UU. estimó en 2020 que aproximadamente tres millones de personas en los EE.UU. ciudadanos y 16 millones de individuos mundiales han tenido o actualmente sufren de trastorno por uso de opioides. Además, más de 500.000 en los Estados Unidos dependían de la heroína.[57] Los Centros para el Control y la Prevención de Enfermedades (CDC) ha informado además de que más de 81.000 muertes por sobredosis de drogas ocurrieron en los Estados Unidos durante un período de 12 meses que terminó en mayo de 2020.[58]

Como resultado, miles de millones de dólares se gastan en atención médica y recursos judiciales. Patrones similares se han observado en Europa y en todo el mundo.

Los Inmigrantes y Abuso de Sustancias

Como observamos a lo largo de este libro, los inmigrantes, particularmente los refugiados, a menudo experimentan un gran estrés emocional y trauma físico. Así que no es de extrañar que algunos se refugian en sustancias y de hacen adictos mientras tratan de hacer frente a estos problemas.[59] Esto puede incluir las sustancias que conocen de su país de origen, así como las que aprenden en su nuevo hogar. Es notable que las poblaciones nativas no están necesariamente familiarizadas con las drogas que son populares (y abusadas) en otras partes del mundo.

Por ejemplo, la masticación de khat o qat es común en Etiopía y en toda África oriental. Este estimulante es una planta nativa de floración que puede causar excitación, pérdida de apetito y euforia. La Organización Mundial de la Salud (OMS) ha clasificado el khat como un medicamento del abuso que puede producir dependencia psicológica. Es generalmente ilegal en los países occidentales, esta sustancia es legal en algunas naciones donde se ha utilizado comúnmente (por ejemplo, Djibouti, Kenia, Uganda, Somalia, Yemen).[60]

En Siria captagon (fenetilina), un estimulante sintético es popular. Un aspecto particularmente inquietante del uso de khat y captagon es que algunos grupos rebeldes han sido conocidos por utilizar estas sustancias para prepararse para la batalla.

Los estudios han encontrado que los trastornos por abuso de sustancias tienden a ser más altos entre las poblaciones nativas y más bajos entre los inmigrantes de primera generación. Los inmigrantes de segunda generación tienden a tener tasas de abuso de sustancias más altas que sus contrapartes de primera generación.[61,62] Los investigadores han visto esto como parte de la "paradoja de los inmigrantes" en la que los recién llegados más saludables porque es más probable que estén protegidos por las normas culturales que crecieron dentro de su país de origen (véase más información sobre este fenómeno en el Capítulo 7).

Las estadísticas sugieren, entonces, que los inmigrantes recién llegados tienden a evitar el abuso de sustancias, mientras que sus hijos son más propensos a desarrollar problemas relacionados con el abuso de sustancias mientras tratan adaptarse a su nuevo país. Esto, por supuesto, supone que el nuevo país, en su conjunto, tiene mayores problemas con las drogas.

Barreras a los Servicios

Muchas personas con problemas emocionales y otros problemas psicológicos vacilan en buscar ayuda. Esto puede ser impulsado por tabúes sociales, culturales y religiosos, temores de ser calificado como "loco", restricciones económicas, falta de información sobre los servicios disponibles y malas experiencias con los proveedores de atención médica. Los estudios de los Centros para el Control y la Prevención de Enfermedades muestran que latinos/latinas, por ejemplo, enfrentan una serie de obstáculos sociales y económicos a la atención médica debido a los ingresos limitados y la falta de seguro.[63] La Asociación Americana de Psiquiatría (APA) también señala que sólo 1 de cada 20 latinos/latinos que necesitan atención para la salud mental tienden buscarlo, esto es en parte debido al estigma, la discriminación, la falta de conocimiento, y para muchos, pero no para todos, la falta de seguro.[64]

No es de extrañar que nuestra investigación encontró que los inmigrantes quieren proveedores que los traten con cortesía y respeto y expliquen las cosas en una manera en que pueden entender. Además de consideraciones financieras, los problemas que limitan la atención incluyen un mal trato por parte del personal médico y el personal de recepción.[65]

Desafíos: Estilos y Rasgos de Personalidad

Como en cualquier otro grupo definido, incluso los inmigrantes del mismo país tienen mucha diversidad dentro del grupo. No podemos agruparlos en un montón y luego presumir de entenderlos. Pueden compartir algunas cualidades comunes. Pero las diferencias de individuo a individuo son bastante significativas. En los últimos dos capítulos previos, discutimos procesos psicológicos comunes a las personas que comparten la experiencia de los inmigrantes. La forma en que la gente navega el proceso incluye diferencias individuales. Esto incluyen factores clase social económica, lugar de origen, educación, el grado en que elegimos adherirnos a las normas de nuestra cultura (o no), también pueden resultar diferencias en la familia de origen y estilos de personalidad individuales.

Basta decir que, para ser eficaz en el trabajo con las poblaciones inmigrantes, los proveedores de atención médica y servicios sociales deben reconocer similitudes dentro de la experiencia y al mismo tiempo saber identificar y respetar las diferencias individuales. Esto es particularmente cierto cuando se tienen en cuenta los estilos y tipos de personalidad individuales. Por ejemplo, algunas culturas permiten una gama más amplia de expresión emocional en manierismos, volumen y similares. Si el contacto visual tiene lugar o no, por ejemplo, a menudo depende del género y la edad dentro de un grupo cultural. Reconocer lo que es aceptable también puede diferir significativamente de cultura a cultura.

Sin embargo, también hay estilos de personalidad duraderos que pueden conducir a problemas sin importar quién seas o de dónde vengas. Esto nos lleva a abordar los trastornos de la personalidad. Diagnósticos específicos en esta área se centran en rasgos antisociales, narcisistas, paranoicos, histéricos, obsesivos y otros rasgos problemáticos. Estos trastornos implican problemas con las formas de una persona de tratar con el mundo y no sólo con la inmigración.

Estilo de personalidad vs. Trastorno de personalidad en un contexto cultural

Cuando realizamos evaluaciones forenses con poblaciones inmigrantes que incluyen pruebas psicológicas, tenemos que tener especial cuidado en abordar cualquier estilo de personalidad que pueda causar problemas a una persona dependiendo de la circunstancia particular. Por ejemplo, una personalidad que parece involucrar tendencias "histriónicas" (histéricas) debe entenderse en el contexto cultural del individuo. ¿Cuál es el rango cultural de expresión emocional a la que está acostumbrada la persona? ¿Existe una norma en la que el ser (lo que gran parte de la sociedad occidental considera) "fuerte", no se considera excesivamente dramático?

Los inmigrantes a menudo son objeto de discriminación porque los estereotipos hacia un grupo en particular pueden tener sus orígenes en las conductas a menudo desproporcionadamente publicitadas de unos pocos. Estos pueden tener consecuencias duraderas para todo el grupo y pueden aplicarse a las percepciones que la población nativa tiene hacia los inmigrantes, así como las opiniones que los inmigrantes tienen de la población nativa.

A medida que escribimos este libro hay mucho debate sobre el racismo institucional en los departamentos de policía estadounidenses. Algunas personas argumentan que "algunos policías malos" no representan a las fuerzas del orden en general. Otros dicen que el volumen de abusos perpetrados por la policía es en sí mismo evidencia de un problema sistémico. Sospechamos que ambos escenarios podrían ser ciertos. Todas las personas tienen sus prejuicios. Pero también hay gente dentro de ciertas comunidades de inmigrantes que actúan de maneras que se reflejan mal en todo el grupo.

> **Dolores Rodríguez-Reimann:**
> Aquí hay un ejemplo para hacer el punto. Durante la migración "Caravana 2018-2019" a través de México, muchos de mis pacientes que viven en Tijuana me hablaron de sus percepciones y reacciones hacia los migrantes. Algunos de mis pacientes eran comprensivos, y otros no lo eran. Sin embargo, me intrigaron más los cambios en las percepciones que muchos de mis pacientes reflejaban hacia los de la Caravana con el paso del tiempo, independientemente de cuáles fueran sus opiniones originales.

Me di cuenta de que muchos habían sentido simpatía inicial por los migrantes. Sin embargo, las actitudes se agriaron una vez que comenzaron a surgir problemas asociados con tener miles de personas que descienden en una comunidad. Si bien "el plan" había sido que los migrantes de la Caravana estaban "pasando" por Tijuana en su camino a los Estados Unidos, los cambios políticos pronto condujeron a otra realidad. Los migrantes se quedarían en Tijuana por el "largo plazo". Mis pacientes vieron este escenario como un problema. Un gran número de personas sin recursos estaban llegando a "su" ciudad-Tijuana y sin duda crearía una fuga financiera para los sistemas de servicios sociales ya desbordados. Muchos de mis pacientes inicialmente empáticos "no apreciaban a los extranjeros" que venían a Tijuana. Pero con el tiempo algunos quedaron impresionados con lo ingeniosos e innovadores que muchos de los migrantes se habían convertido, y pronto condujeron aclimatarse a su nuevo entorno. De repente sintieron respeto por "esa gente". En resumen, su percepción cambió de nuevo.

Sin embargo, con todas las opiniones, actitudes y reacciones fluctuantes, había una cosa en la que todos mis pacientes parecían estar de acuerdo. Tuvieron fuertes reacciones negativas hacia una migrante en particular que se quejó de la comida que recibió localmente. Era una madre soltera hondureña que ganó fama en las redes sociales después de que una cadena de televisión local la entrevistara. En la entrevista, la señora se quejó de que ella y su familia estaban siendo alimentados con frijoles y tortillas en un refugio de migrantes local. Ella estaba indignada por tal tratamiento esencialmente diciendo que la comida no era lo suficientemente buena como para dar a los cerdos en su país de origen. Muchos residentes se ofendieron profundamente, y pronto la entrevista se volvió viral. Con demasiada frecuencia, diferentes matices culturales o problemas reales de personalidad individual dan la percepción de que los inmigrantes se sienten "con derecho" y "no aprecian" cuando se les ofrece y da ayuda. Este parecía ser la situación en este caso de lo que yo podía entender. De acuerdo con la historia, la señora llegó a los Estados Unidos sólo para ser arrestada y luego deportada después de que supuestamente cometió una agresión. Incluso uno podría atreverse a considerar, al menos como me informaron mis pacientes "se había hecho daño a las percepciones con respecto a todos los inmigrantes debido a una sola manzana mala que se vuelve viral..." ¿La señora en cuestión tenía un trastorno de personalidad? No podemos decirlo porque no era una de nuestras pacientes. Pero su actitud no ayudó a sus compañeros migrantes (y aparentemente, ni ella misma).

Preguntas a Considerar

- ¿Has tenido problemas de ansiedad o depresión?
- ¿Has tenido que soportar un trauma?
- ¿Cómo ha tratado estos temas?
- ¿Usas o usaste sustancias para sobrellevarlo? ¿Cuáles?
- ¿Esto crea un problema para usted? ¿Qué te ha ayudado a sobrellevarlo

Recomendaciones

Si usted está sintiendo problemas emocionales, no dude en buscar ayuda profesional. Busca a alguien familiarizado con tus antecedentes. Los líderes religiosos y otras personas de pie en la comunidad a veces saben de proveedores locales que les gustan y en los que confían.

5

LA SALUD

La buena salud es el ingrediente principal de una vida feliz y exitosa. Algunos inmigrantes enfrentan dificultades particulares cuando se trata de cuidar su salud y bienestar. Su condición física se ve afectada por las condiciones del país, la dieta, y prácticas de atención estándar en sus orígenes. Además, con los inmigrantes que llegan con pocos o ningún medio material, existe la cuestión de acceso a la atención médica e información sobre cómo la aculturación puede influir en los esfuerzos de prevención y tratamiento de enfermedades. Este capítulo explora algunas de las dinámicas involucradas. Esto incluye las prácticas tradicionales de curación y el impacto de los cambios en la dieta en un nuevo país. Nuestra discusión no es exhaustiva, pero proporciona ejemplos básicos que, esperamos, despertarán el interés de los lectores por aprender más. Como en algunos otros capítulos, entonces presentamos a un individuo, en este caso, una historia familiar que destaca algunos de los puntos que hemos cubierto.

En todo esto, necesitamos entender el contexto global en torno a la enfermedad. A los virus y bacterias no les importan las fronteras internacionales. Así se espera que las epidemias se conviertan en pandemias con más frecuencia en el futuro. Esto requerirá una comprensión internacional de la transmisión de enfermedades y la coordinación de los recursos para combatir las enfermedades. Estos son algunos factores que tener en cuenta:

País de origen y entornos de refugiados

Como en muchas otras áreas, los problemas de salud y bienestar están plagados de desafíos para muchos que se han visto obligados a salir de su país de origen. Los refugiados sirios, por ejemplo, tienden a mostrar altas tasas de enfermedades respiratorias. Esto es probablemente porque estuvieron expuestos a sustancias químicas y polvo en ataques militares.[66]

Además, un país en guerra consigo mismo a menudo pierde la infraestructura necesaria para tratar enfermedades. Por ejemplo, los niños y jóvenes refugiados sirios no reciben necesariamente atención preventiva, como las vacunas, que los dejan vulnerables a enfermedades como el sarampión y la poliomielitis. Los problemas de salud se agravan aún más por la escasez de alimentos y, por lo tanto, la desnutrición, y la falta de vivienda. Esto de nuevo, hace que tanto los niños como los adultos sean más vulnerables a la enfermedad y a la muerte.

Estas condiciones no se deben necesariamente a la falta de habilidad o dedicación entre los proveedores de atención médica. Son sólo un subproducto de la guerra. De hecho, algunas circunstancias están planificadas y destinadas a desmoralizar y subyugar a una población. Dentro de Siria, por ejemplo, se reporta que en algunas partes han atacado específicamente hospitales y matar médicos. Un informe de 2017 del Centro Soufan estima que, en ese momento, el gobierno sirio había matado a casi 700 médicos en todo el país.[47] Según el grupo Médicos por los Derechos Humanos, la tasa de asesinatos de este tipo se había reducido en 2020.[67] Pero la práctica no se ha detenido del todo.

Prácticas médicas en el país de origen y país anfitrión

El ejemplo sirio descrito anteriormente es extremo. Pero incluso diferencias relativamente pequeñas en la práctica de la salud entre países pueden sembrar confusión. Somos, por ejemplo, conscientes de que el Bacillos La vacuna Calmette-Guérin (BCG), comúnmente utilizada fuera de los Estados Unidos para prevenir la tuberculosis, puede causar una reacción falsa positiva a una prueba cutánea de tuberculosis.[68] Esto puede crear confusión y, por lo tanto, conducir a diagnósticos y tratamientos adicionales e innecesarios.

Los inmigrantes también pueden enfrentar otros desafíos médicos. Por ejemplo, los medicamentos, incluidos los medicamentos y remedios sin receta que las personas toman rutinariamente en casa, pueden no existir (o no ser legales) en su nuevo hogar.

Por ejemplo, Rohypnol (Flunitrazepam), un medicamento especialmente potente contra la ansiedad en la familia llamado benzodiazepinas (como Xanax y Valium) se utiliza en partes de Europa, Japón, Australia, Sudáfrica y Latinoamerica. Pero no está aprobado para uso médico en los Estados Unidos y tiene una mala reputación como una droga de calle y "violación de citas".[69]

Dietas

Las personas de países donde han vivido con dietas básicas (subsistencia) a menudo tienen reacciones físicas negativas en países donde los alimentos rápidos y otros alimentos altamente procesados son abundantes. Se teoriza que su fisiología utiliza los alimentos de una manera que les permite almacenar más grasa en tiempos donde la nutrición es más accesible. Eso permite a las personas sobrevivir mejor en tiempos en los que la comida es escasa. Pero en las sociedades modernas la comida es más abundante, la hambruna es rara y la gente engorda. Esto, a su vez, los pone en mayor riesgo de diabetes tipo 2, enfermedades cardíacas y una serie de otras enfermedades médicas crónicas.

La Aculturación y la Salud

¿Afecta la aculturación a la salud? Algunas investigaciones sugieren que, en ciertas áreas como el abuso de sustancias y los resultados de nacimiento, la aculturación está relacionada con una mala adherencia a prácticas de salud. En otras áreas, como el acceso a la atención médica, es probable que ser más aculturado produzca resultados de salud más positivos.[70]

Nuestra propia investigación ha puesto de relieve algunas de las complejidades involucradas. Por ejemplo, analizamos las conexiones entre la aculturación, el género, las creencias en torno a la salud y la intención de las personas de tomar medidas sobre tales creencias entre los mexicano-estadounidenses y la prevención de la tuberculosis. Aunque nos centramos en este aspecto de la salud, es probable que nuestros resultados sean comparables a la aculturación y otras enfermedades de prevención.

En nuestra investigación, usamos el Modelo de Creencias en la Salud (HBM) que considera las creencias de las personas de que una enfermedad es grave, que están en riesgo de contraerla, qué barreras de atención creen que existen y otros factores.

Nuestra investigación encontró que los mexicano-americanos tradicionales veían la tuberculosis como una enfermedad más grave y que estaban en más peligro de contraerse que las personas que eran más aculturadas. Como tal, prestaron más atención a la información sobre cómo prevenir la tuberculosis

que los inmigrantes más aculturados. Este grupo también dijo
que era probable que encontraran más barreras para una buena
atención. En general, las mujeres tendían a ser más conscientes de
la salud que los hombres. Los hombres más aculturados eran
menos propensos a expresar preocupación, o actuar sobre cualquier preocupación sobre la tuberculosis entre las personas que
examinamos.[71]

Es notable que algunas construcciones teóricas son bastante
antiguas. El HBM fue, por ejemplo, desarrollado originalmente
en la década de 1950. El hecho de que continúe en uso hoy en
día habla de su valor constante y continuo en la comprensión de
la respuesta de las personas a la enfermedad.

Tradiciones y Remedios

Las tradiciones culturales a veces ofrecen factores protectores a
las comunidades inmigrantes. Esto incluye remedios tradicionales, ciertos alimentos y prácticas espirituales y/o religiosas. Con
demasiada frecuencia la medicina occidental descarta prácticas
tales como atrasadas, no probadas y poco sofisticadas.

Pero eso no siempre es cierto. Tomemos el ejemplo de comer
"nopales" (o nopalitos). Estas son las almohadillas del nopal
(planta de cactus de pera espinosa), un alimento común en la
cultura latina. Comer nopales se ha pensado tradicionalmente
como ayudar a regular el azúcar en la sangre y por lo tanto
como un buen tratamiento para la diabetes. Los estudios han
demostrado que, de hecho, hay algo a esa suposición porque el
contenido de fibra en este alimento ayuda a bajar los niveles
de azúcar en la sangre. Resultados similares se han encontrado
para karela (melón amargo) que se utiliza comúnmente en las
culturas asiáticas.[72]

Esto no significa que todos los remedios tradicionales sean útiles. Por ejemplo, el uso de mercurio en algunas prácticas tradicionales es médicamente peligroso.[73]

Otras prácticas tradicionales comunes incluyen el curanderismo en México, así como el tratamiento de cupping y la acuñación que se ha practicado en Asia oriental durante siglos. Dada la falta de pruebas claras basadas en la investigación, algunos en las profesiones médicas occidentales son escépticos sobre la eficacia de estos tratamientos. Otros, como la acupuntura, han sido aceptados en gran medida como útiles porque algunas pruebas científicas respaldan su eficacia (por ejemplo, para ayudar a reducir el dolor crónico).[74]

En general, nuestra experiencia profesional ha demostrado que las comunidades de inmigrantes a menudo traen consigo importantes tradiciones curativas. Además de curanderos mexicanos, los Institutos Nacionales de Salud (NIH) reconocen la importancia de la Medicina Tradicional Árabe e Islámica (TAIM). La medicina ayurvédica de la India también se considera importante entre las prácticas curativas holísticas. Incluye el uso de hierbas autóctonas, dietas tradicionales, ejercicios, masajes, meditación y amuletos. Del mismo modo, la Medicina Tradicional China (TCM) implica prácticas complejas de salud holística y curación, incluyendo el uso de hierbas locales, masaje, acupuntura de ejercicio y alimentos saludables y balanceados. Ciertamente, la mayoría de estas formas más tradicionales de curación pueden enseñarnos que la práctica de la medicina occidental de separar la curación física, emocional y espiritual se beneficiaría de una reevaluación que considera otras formas de curación y una mirada más cercana a las ventajas del tratamiento holístico. La tradición occidental, que se derivó en gran medida de una historia religiosa que separó el cuerpo de la mente y el espíritu, creó una desconexión que no nos ha servido particularmente bien.

Un Ejemplo de la Práctica

Ocasionalmente, los proveedores occidentales encuentran creencias tradicionales en su práctica. Un ejemplo de nuestra práctica es el siguiente:

Una clienta somalí fue traída por su familia. Al igual que muchas de sus generaciones, había sufrido graves trastornos de estrés postraumático y lesiones médicas durante la guerra civil de su país de origen. Esto le hizo experimentar grandes problemas concentrándose con su capacidad para aprender y recordar nueva información. En consecuencia, no podía aprobar requisitos de ciudadanía estadounidenses que probaran las habilidades en inglés y el conocimiento de historia/civismo. Finalmente, se les concedió una exención a esos requisitos basada en su discapacidad mental. La cliente estaba agradecida. Ahora podría obtener un pasaporte estadounidense, usarlo para ir su país de origen sin problemas y obtener los servicios de un curandero tradicional allí que pensó podría curarla. La pregunta es: ¿deberíamos haber sido desconcertados porque nuestro tratamiento era sólo un camino a la cura "real" o feliz de que podríamos ayudarla a llegar a donde tenía que ir? (Elegimos este último bajo los auspicios de "lo que funcione.")

A veces, los enfoques de salud pública y tratamiento pueden ser muy colaborativos. El uso de "Promotoras", por ejemplo, es una práctica de conectar con líderes/enlaces comunitarios locales y se ha convertido en una herramienta importante en la promoción de salud en las comunidades latinas.[75] La práctica ha demostrado tener un impacto significativo en las mismas comunidades con resultados beneficiosos. Las promotoras también se llaman con frecuencia Trabajadores De Salud Comunitarios (CHWs). Han sido una parte indispensable de nuestros estudios al investigar las necesidades de atención médica, no sólo con los latinos, sino que también con otras comunidades. El éxito de estos programas habla de la necesidad general de competencia cultural en investigación y atención médica que el Capítulo 8 aborda con mayor detalle.

El Concepto del Sanador

Una rama de la psicología analítica describe los arquetipos como predisposiciones antiguas universales que se han desarrollado a través de nuestra historia humana colectiva. Uno de esos arquetipos es el de "El Sanador". La escritora Susanna Barlow[76] nos dice que "cada cultura desde las primeras tribus del hombre antiguo, a través de los siglos hasta los tiempos modernos ha tenido dentro de él, el arquetipo del Sanador." Los humanos siempre han tenido que soportar enfermedades. Y siempre hemos necesitado a alguien que nos ayude a sanar. Algunas personas parecen tener una aptitud natural en ese sentido. A continuación, se muestra la historia de un miembro de nuestra familia que era una de esas personas. Se incluye para dar un ejemplo de cómo algunos de los conceptos más abstractos que hemos discutido se traducen en la vida real.

Sanador Inmigrante (por Dolores I. Rodríguez-Reimann)

La historia de vida del Señor Felipe de Jesús Romo Valadez a menudo implicaba sanar a los demás. Felipe nació el 1ro de mayo de 1903 en La Cruz De Orozco, un pequeño pueblo del estado mexicano de Jalisco. Hijo del Sr. Modesto Romo y la Sra. M. Santos Valadez de Romo. Felipe era uno de los diecinueve hijos de su padre.

Felipe fue criado en una "hacienda" en Julián Jalisco, México. Como se cuenta la historia, una de las tareas favoritas cuando Felipe era niño era cuidar de las vacas. Esto incluyó llevarlas a casa por la noche a la luz de la luna.

Modesto, el padre de Felipe tenía una reputación local como sanador. Se creía que tenía un don que ayudaba a curar a los enfermos de las haciendas vecinas, pueblos, y ranchos. Sus remedios curativos incluían tés, aceites y oraciones. Modesto, un hombre profundamente espiritual, enseñó estos métodos curativos a Felipe.

Luego vino la Revolución Mexicana que cambió el panorama político y cultural del país. También costó muchas vidas. Entre los fallecidos se encontraban Modesto y varios de los hermanos de Felipe que lucharon por defender la hacienda. A pesar de estos sacrificios, la tierra se perdió, y la familia restante buscó un nuevo lugar donde pudieran comenzar de nuevo. En junio de 1925, Felipe emigró a los Estados Unidos, tanto para encontrar una nueva vida para sí mismo como para ayudar a apoyar a los miembros de la familia que permanecieron en México.

Felipe y varios de sus amigos de la infancia emigraron a "El Norte." Llegaron a un cruce de Estados Unidos en Laredo, Texas, y pagaron los 8.00 pesos que se necesitaron para ingresar a los Estados Unidos en ese momento. Felipe y sus amigos habían planeado originalmente ir a Montana. Pero cuando se detuvieron en la pequeña ciudad de Alton, Illinois, consiguieron trabajo en la Fábrica de Vidrio Owens y se quedaron.

Felipe había pensado originalmente que regresaría a México dentro de un año. Pero después de tres años en Alton, se casó con Leona Simpkins, la hija de Charles Simpkins y Delia M (Ives) Powell. Leona era de ascendencia alemana, cherokee y francesa canadiense. La pareja formó una familia y tuvieron seis hijos y cuatro hijas. Como era común en ese momento, estos niños no aprendieron español y fueron criados en gran medida con las normas culturales estadounidenses. Sin embargo, conservaron una orgullosa identidad mexicana.

Mientras que algunos de los amigos de Felipe regresaron a México, el permaneció en los Estados Unidos. Esta fue una experiencia frecuente entre los inmigrantes mexicanos. Inicialmente pensaron en su viaje a los EE.UU. como una situación temporal pero luego se quedaron. Algunos lo hicieron porque encontraron nuevas vidas. Algunos sentían la obligación permanente de mantener a los miembros de la familia en casa. Sin embargo, ser inmigrante a finales de la década de 1920-1930 no fue fácil ni seguro. Felipe todavía era tratado como "un extranjero", vivía en una comunidad en su mayor parte negra y mexicana llamada "Dog Town", y, en algunos momentos, al parecer llevaba una pistola para protegerse.

Con el paso del tiempo Felipe se ganó un lugar de respeto en la comunidad mexicana de Alton. Esto se basó en su generosidad, pero también en el don familiar de la curación que había heredado de su padre. Las habilidades de Felipe incluían escuchar las historias de la gente sobre "lo que les importaba y preocupaba", su uso de hierbas tradicionales, tés, remedios caseros y sus oraciones. En este proceso, se ganó una reputación de consolar a la gente. La reputación de Felipe también le ayudó a mediar en desacuerdos comunitarios. La gente buscó su consejo templado y reflexivo.

Felipe no volvió a visitar su amado México hasta que habían pasado 40 años. Para entonces había criado a sus hijos, varios de los cuales sirvieron en las Fuerzas Armadas estadounidenses y vieron acción en la Segunda Guerra Mundial, así como en Corea y Vietnam. Se convirtió en abuelo de muchos nietos y bisnietos. Entre ellos, estaban los que han trabajado, y continúan trabajando en la aplicación de la ley y la atención médica. Esto me incluye a mi- Dolores Rodríguez-Reimann – a quien me inspiró en la historia de mi abuelo Felipe.

Con el tiempo, Felipe enfermó y la familia lo trasladó a Texas. Los meses que mi abuelo Felipe paso en nuestra casa fueron mis mejores recuerdos de él. Falleció en 1983 mientras vivía con nosotros, cerca de México. Sufrió dos ataques cardíacos masivos.

La historia de mi abuelo Felipe tiene muchos aspectos de una experiencia inmigrante común. Trabajó duro, hizo una vida para sí mismo en los EE.UU., y sirvió a su comunidad. Parte de ese servicio incluyó habilidades curativas tradicionales que le habían sido transmitidas por su padre. Algunos de sus hijos y nietos pasaron a servir a una sociedad más amplia a través de las fuerzas armadas en tiempos de guerra, a través de las fuerzas del orden, y de muchas otras maneras. Para mí, Felipe transmitió una pasión por la curación. Eso es parte de su legado.

Preguntas a Considerar

¿Hay personas en su familia o comunidad que sean conocidas como las personas a quien acudir si usted no se siente bien (aparte de médicos o enfermeras)?

Recomendaciones

Hay muchos libros sobre la curación tradicional. Aunque tal vez no todo tenga sentido para ti, puede ser divertido explorar cómo otras culturas han visto males y enfermedades. Algo de eso puede adaptarse a sus percepciones.

6

LA CARRERA, LA ECONOMÍA Y LA EDUCACIÓN

Ajuste a los entornos y condiciones de trabajo en un nuevo país puede ser difícil. Implica desafíos en muchos niveles para empleadores, solicitantes y empleados. Pero en última instancia, los inmigrantes hacen contribuciones sustanciales a una fuerza laboral, incluso en ocupaciones altamente técnicas. Como tal, ayudan a impulsar y expandir las economías de muchos países.

Este capítulo describe el impacto económico básico de los inmigrantes, tanto en términos de los servicios que necesitan como de las contribuciones que hacen. Nos centramos en la UE y los Estados Unidos porque estos lugares han sido destinos para varios grupos de migrantes. También exploramos las barreras a las que se enfrentan los inmigrantes para acceder al mercado laboral de un país de acogida. Además, el capítulo presenta un ejemplo de cómo las actitudes culturales hacia el trabajo pueden ser malinterpretadas, y el perjuicio de la sociedad más grande. Luego presentamos una viñeta de la "historia Reimann". Este es un relato familiar del mundo real que ilustra adaptación profesional y éxito en un nuevo país. Por último, el capítulo enumera algunas preguntas para hacerse y recomendaciones que tal vez te resulte útiles.

Impacto Económico de la Migración

El impacto económico de la inmigración implica una complicada mezcla de información. Por un lado, algunos inmigrantes (especialmente refugiados desplazados de países menos desarrollados) necesitarán una gama de servicios sociales, y a veces intensivos, para establecerse. Eso cuesta dinero. Sin embargo, los inmigrantes que se adaptan con éxito a su nuevo país pueden hacer contribuciones económicas sustanciales a la sociedad en general y a su propio sentido de seguridad y felicidad. Al mismo tiempo, es probable que los inmigrantes que no se integran con éxito terminen como una clase baja que los deja frustrados, privados de derechos y desilusionados. En resumen, un país anfitrión que tiene la voluntad política para hacer una inversión reflexiva por adelantado en las transiciones de trabajo de los inmigrantes probablemente cosechará mayores ganancias a largo plazo.

Estas son algunas estadísticas relevantes. Se centran en la UE y Los Estados Unidos ya que, como se señaló anteriormente, estos lugares tienden a ser importantes (aunque con diferencia no los únicos) destinos de inmigrantes. Como tal, sirven como buenos ejemplos.

La Unión Europea

Al abordar los costos económicos que implica absorber a los inmigrantes, muchos países se centran en los refugiados. Es probable que esta sea la población más preocupante, ya que implica la mayor inversión económica. En su examen de estas cuestiones, un informe técnico de la Comisión Europea evaluó las pruebas disponibles.[77] Reconoció que muy poca evidencia empírica informa los debates políticos. Pero finalmente concluyó que, si se hace bien, los beneficios sociales, económicos y fiscales que los inmigrantes traen superan más costos de integración a corto plazo.

En concreto, el informe de la Comisión Europea estudió el impacto de los refugiados y el impacto proyectado en el Producto Interior Bruto (PIB) de la UE. Este cálculo es el valor monetario de todos los bienes y servicios terminados durante algún período definido. El estudio consideró varias circunstancias diferentes que podrían encontrarse durante el período que comenzó en 2016 y se hasta 2040. Mientras que escenarios específicos variaron, todos mostraron que la inmigración representa y seguirán representando un aumento notable del PIB de la UE. Esto era cierto, incluso cuando 1) se considera el costo inicial gubernamental y social de la inmigración, y 2) el grupo de enfoque de inmigrantes es uno que probablemente necesita la ayuda más inicial. Llegaron a la conclusión de que la inmigración es una ganancia neta para la economía de la UE.

Los Estados Unidos

Los estudios de los Estados Unidos que revisan las tendencias del empleo estadounidense a lo largo del tiempo muestran que, entre los recién llegados, los hombres inmigrantes tienden a tener menos posibilidades de ser empleados que sus homólogos nativos. Pero después de un período de ajuste, se vuelven aún más propensos a ser empleados que la población nativa correspondiente. Al principio, las ocupaciones de los hombres tienden a estar en el extremo inferior del espectro ocupacional, lo que significa que están en trabajos que requieren menos educación y ganan menos dinero. Pero esa brecha tiende a cerrarse con el tiempo.

Las mujeres inmigrantes tienen tasas de empleo iniciales más bajas que sus contrapartes masculinas. Pero sus posibilidades de conseguir un trabajo también aumentan con el tiempo. En términos de salarios, empiezan acercándose a lo que ganan sus homólogos masculinos. Pero las mujeres experimentan entonces un crecimiento comparativamente lento de los salarios. Esto se hace eco de la desigualdad salarial basada en el género en la población en general.

Para tener una idea general de los dólares y centavos involucrados, considere las siguientes cifras: Según las estadísticas del Foro Nacional de Inmigración de 2014,[78] los inmigrantes en los Estados Unidos ganaron $1.3 billones en salarios anuales. Esto representó el 14,2% de todos los ingresos obtenidos en los Estados Unidos. Gran parte de este dinero vuelve a la economía estadounidense. Por lo tanto, contribuye a la demanda de bienes, servicios y más puestos de trabajo.

Los individuos nacidos en el extranjero en los Estados Unidos también tienden a tener más representación en el mercado laboral que otros grupos. Aunque consomaron el 24,1% de la población total del condado, 2016 las estadísticas muestran que representaban el 28,8% de su población en edad de trabajar, el 28,4% de su fuerza laboral empleada y el 30,5% de sus trabajadores en ciencia, tecnología ingeniería, o matemáticas (STEM) ocupaciones. Esta tendencia ha tenido tiempos recientes de crecimiento particular. Entre 2011 y 2016, por ejemplo, el número de inmigrantes en edad de trabajar aumentó un 7,7%, los inmigrantes ocupados crecieron hasta el 16,3%, y el número de trabajadores stem nacidos en el extranjero aumentó un 31,5%.

Una mirada más cercana a un impacto local

En los EE.UU., también puede ayudar a mirar ubicaciones geográficas específicas para entender el efecto de la inmigración a nivel comunitario. Algunas áreas metropolitanas son, por ejemplo, hogar de inmigrantes que constituyen un porcentaje particularmente grande del mercado laboral general en industrias clave. Estos pueden incluir agricultura, servicios generales, manufactura, transporte, almacenamiento y construcción. Usaremos el condado de San Diego (California) como ejemplo. En ese lugar, los inmigrantes contribuyeron con $64,3 mil millones al PIB total en 2016. Eso representó el 25,2% de todas las contribuciones al PIB. Estas cifras muestran que los inmigrantes hicieron contribuciones sustanciales a los impuestos estatales, locales y federales ($7,5 mil millones en impuestos federales y $2.1 000 millones en impuestos estatales y locales; una contribución de $2,4 mil millones al Seguro Social y $650.7 millones a Medicare).[79]

Puede haber alguna suposición de que, en parte porque algunos inmigrantes carecen de estatus legal, la inmigración general constituye una carga para la economía estadounidense. Pero se ha estimado que, en 2016, esos hogares inmigrantes ganaron 2.600 millones de dólares. De esa cantidad, $503.8 millones fueron a impuestos federales y $109 millones fueron a impuestos estatales y locales dejando a los propios inmigrantes con $2,0 mil millones en poder de gasto.[80]

El mercado educativo es otra consideración económica notable. Por ejemplo, 6,965 estudiantes se inscribieron en universidades y colegios de San Diego durante el otoño de 2015 como residentes temporales. A continuación, apoyaron 8.916 empleos locales y gastaron $637,6 millones durante el año académico 2016/2017.[80]

Los inmigrantes locales también tienen un papel en lo que respecta a la riqueza de la vivienda. En 2016, el 43,9% de los inmigrantes en el condado de San Diego poseían sus propias casas. El otro 54,1% pagó alquiler. Más del cincuenta y cinco por ciento (55,3%) vivía en casas. Otro 41,1% vivía en apartamentos. El total el valor patrimonial de los hogares inmigrantes fue de 79.100 billones de dólares y sus contribuciones totales anuales al alquiler se han estimado en 2.700 billones de dólares.[80] Además, el emprendimiento juega un papel sustancial en las contribuciones de los inmigrantes. Por ejemplo, mientras que representan el 24,1% de la población total de San Diego, los inmigrantes representaron el 32,7% de los empresarios en 2016. Hubo un 22,7% más de nacidos en el extranjero personas que los empresarios nacidos en Los Estados Unidos. Estos individuos nacidos en el extranjero generaron $1,4 mil millones en ingresos comerciales para el condado de San Diego. En 2012, por ejemplo, Las empresas latinas/propietarias aportaron $11,1 mil millones en ingresos y tuvieron 44,950 empleados pagados. El negocio de propiedad asiático-estadounidense generó 10.400 millones de dólares en ingresos y empleó a 65.010 personas.

Los papeles desempeñados por los inmigrantes también ayudan a las empresas a mantener algunos trabajos locales. Una estimación es que para 2016, los inmigrantes que vivían en el condado de San Diego ayudaron a crear o preservar 36,770 trabajos locales que de otra manera se habrían mudado a otro lugar. Si bien los números exactos cambian con el tiempo, los ejemplos citados anteriormente ilustran los hilos que son en nuestro mejor interés y merecen nuestro apoyo y mantenimiento.

¿Qué explica esos números? Creemos que los inmigrantes son un grupo entusiasta y abundante. Como se destaca a lo largo de este libro, se necesita mucho para empacar y dejar el lugar que conoces, el lugar que has llamado tu hogar. Algunas personas no tienen elección. Quedarse podría significar pobreza, violencia o incluso muerte. Otros sienten que podrían ser/hacer más con sus vidas de lo que su país original fue capaz de fomentar. En algunos casos, la inmigración permite a las mentes superiores en un campo en particular colaborar en un solo lugar y llegar a descubrimientos que benefician a la humanidad en su conjunto. Nuestro mensaje al hablar con los inmigrantes es el siguiente: cualquiera que sea su circunstancia es, no te rindas. Ya has demostrado que eres fuerte. La migración ha sido una forma de avance para la humanidad. Usa esa fuerza para seguir adelante, no solo para ti, sino para el futuro de tu familia.

Evaluando todo lo anterior, está claro que, en lugar de ser una carga de los recursos de los países de acogida, los inmigrantes hacen contribuciones sustanciales a muchos mercados laborales y a la salud económica de la sociedad en su conjunto en su país adoptado.

Barreras al Éxito

A pesar de las cifras positivas descritas anteriormente, los desafíos permanecen. Utilizando cifras de 2017, por ejemplo, las Academias Nacionales de Ciencias, Ingeniería y Medicina concluyeron que los trabajadores nacidos en el extranjero están sobrerrepresentados en grupos profesionales de alto nivel que requieren la mayor educación (por ejemplo, científicos, ingenieros y arquitectos).[81] En otras palabras, constituyen un mayor porcentaje de trabajadores en esos campos que la población nativa. Pero, al mismo tiempo, los trabajadores nacidos en el extranjero están sub-representados en otros puestos profesionales y directivos.

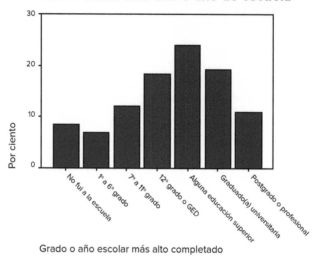

Grado Formal mas alto ó año de escuela

Grado o año escolar más alto completado

La Oficina de Estadísticas Laborales de los Estados Unidos informa que, en promedio, las personas nacidas en el extranjero obtuvieron sólo el 83,1% de los ingresos obtenidos por sus homólogos nativos en 2016.[82] Si usted es reclutado por una empresa basada en sus habilidades, o usted tiene dinero para invertir, esto generalmente no es un problema. Es posible que tenga oportunidades significativas.

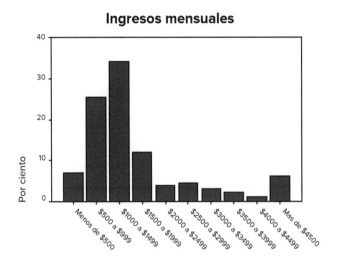

Ingresos mensuales

Pero esta opción no siempre es viable para los inmigrantes, incluso si tienen una educación sustancial. Por ejemplo, en un proyecto que realizamos con personas de origen de Oriente Medio y África Oriental en San Diego (Proyecto Salaam) encontramos que la mayoría de las personas tenían un Diploma de Escuela Secundaria o un mayor nivel educativo. Sin embargo, el grupo también se agrupó en el extremo inferior del espectro económico (la mayoría ganan menos de $2,000 por mes). Las cartas de barras del proyecto que reflejan esta realidad se presentan a la izquierda.

Las barreras incluían el hecho de que los condados anfitriones tienden a no aceptar algunas credenciales extranjeras. Esto es particularmente cierto en las profesiones médicas.

Nosotros, por ejemplo, tenemos una amiga que recibió su título de médico en un país extranjero. Esto no fue un MD ganado en alguna escuela de medicina acreditada marginalmente. Más bien, se ganó de una institución generalmente respetada. Nuestra amiga era (y es) bastante competente, habiendo ocupado varios cargos de responsabilidad en otras partes del mundo. Pero como las calificaciones no fueron aceptadas en los Estados Unidos, tuvo que obtener un segundo título de medicina aquí para poder ejercer su profesión elegida.

No todo el mundo está dispuesto o es capaz de dar un gran paso atrás. No todo el mundo tiene la inversión millonaria necesaria para comprar esencialmente en nuevos países. Tenemos personas altamente educadas y capaces que trabajan en ocupaciones de bajo nivel. Ese tipo de experiencia implica cambios en el estatus socioeconómico y social que pueden ser bastante difíciles para ellos.

Consideraciones Sociales y Políticas

Otra consideración para los inmigrantes, incluso si se están moviendo como parte de una empresa reclutada o para puestos de alto nivel, es el clima legal, social y político en su nuevo país. En 2019 asistimos a una conferencia internacional de una asociación de abogados de inmigración de muchos lugares del mundo. Un panel de expertos legales abordó el grado en que se percibe a las personas LGBTQ+ en varios países. Las respuestas de los miembros del Grupo Especial oscilaron entre 1) reconocemos las circunstancias involucradas y tenemos leyes que protegen los derechos civiles; a 2) en nuestro país conocemos los problemas involucrados, pero necesitamos hacer más en términos de leyes que protejan derechos, a 3) la respuesta de un abogado (parafraseando): las relaciones entre personas del mismo sexo son un crimen en mi país.

Este tipo de circunstancias es sólo un ejemplo de una pregunta más amplia sobre el clima social y político en los países a los que la gente migra. ¿Las personas son bastante abiertas con respecto al estilo de vida y los valores que defienden? ¿Hay leyes que protejan los derechos humanos? Si es así, ¿se aplican esas leyes? ¿Cómo se comparan estos factores con las realidades de su país de origen? Las respuestas pueden tener un impacto obvio en su vida social, así como en la vida laboral y el bienestar.

Opciones vocacionales y profesionales entre culturas

Otras preguntas incluyen: ¿Cómo deciden las personas de otras culturas sobre las trayectorias profesionales? ¿Estos enfoques coinciden con las expectativas comunes de los empleadores en su nuevo país? Uno de nuestros estudios exploró tales temas.[83] Examinó factores que influyen en las decisiones profesionales de los jóvenes adultos mexicano-estadounidenses. Los datos demográficos de la época mostraron que este grupo tenía más dificultades para acceder al mercado laboral que la población en general. La investigación sugirió además que esta tendencia fue impulsada en parte por los conceptos erróneos de los empleadores. Específicamente, algunos empleadores percibieron que los jóvenes mexicano-estadounidenses carecían de metas, aspiraciones y caminos profesionales enfocados. Tal supuesta falta de concentración se interpretó como un tipo de inmadurez vocacional (compromiso limitado con una ocupación específica) y, por lo tanto, como un perjuicio. La literatura de desarrollo profesional ha utilizado términos como "zeteofobia" (un supuesto miedo a tomar decisiones profesionales) y "promiscuidad profesional" para describir a las personas que no tienen una trayectoria profesional muy específica en mente.[83] Además, existía la presunción de que los objetivos profesionales limitados significaban que una persona estaba más centrada en la familia y, por lo tanto, como menos ambiciosa.

Nuestro estudio, sin embargo, encontró que los jóvenes adultos mexicano-estadounidenses que estaban dispuestos a aceptar una mayor gama de opciones profesionales valoraban particularmente la cohesividad comunitaria y una fuerte ética de trabajo. Lo que se consideraba una falta de claridad de objetivos profesionales era una especie de flexibilidad, que surgió, en parte, de un deseo de acomodar y respetar las necesidades de otras personas. En lugar de ser indeciso y desenfocados, aquellos mexicano-estadounidenses que expresaron flexibilidad profesional a menudo lo hacían para adaptarse a los requisitos de una organización. Para ellos, tal flexibilidad significaba una voluntad de trabajar duro para tener éxito. En este contexto, la búsqueda de un objetivo de carrera definido por poco, asociado con el interés propio y un enfoque interno, era menos importante. Nuestros resultados también mostraron que ni hombres ni mujeres que se centraron fuertemente en sus familias mostraron una disminución relacionada en la ética de trabajo. En cambio, para la mayoría de los mexicano-estadounidenses, sentirse discriminado en lugar de involucrarse en la familia lastimó su inversión profesional.

Uno podría pensar que el estatus socioeconómico de una persona tiene un impacto en tales resultados. En otras palabras, una persona que es pobre es más propensa a "tomar cualquier cosa" en términos de empleo. Si bien eso puede ser cierto en algunas circunstancias, tal tendencia no era evidente en nuestro estudio.

En resumen, esta investigación destaca que, si bien un enfoque en la familia juega un papel en las decisiones laborales de los mexicano-estadounidenses, este enfoque no limita las contribuciones al lugar de trabajo. En todo caso, puede mejorar el valor de los empleados.

Desafortunadamente, la mayoría de los empleadores no han ajustado su proceso de selección de personal a este tipo de realidad. Los expertos profesionales, por ejemplo, han considerado las "habilidades transferibles" y la "formación cruzada" como un área importante de enfoque durante años. El término significa que las habilidades laborales adquiridas en y para un tipo de ocupación también pueden ser útiles en otro. Sólo tenemos que averiguar qué habilidades van con qué ocupaciones. Pero es difícil encontrar tales consideraciones en cualquier anuncio de trabajo.

Al mismo tiempo, es cada vez más importante considerar el impacto de la cultura en la elección de carrera. Si los empleadores y los profesionales de desarrollo profesional no lo hacen, 1) reducir el número de buenos empleados que contratan y 2) no se están adaptando a las tendencias de la fuerza de trabajo que ya no se ajustan a un modelo de "una vida/ una carrera" y, en cambio, se está moviendo a una realidad más fluida y flexible.

Bernhard Erwin Ferdinand Reimann, Dr. rer. Nat.

Un ejemplo de la vida real de nuestra familia ilustra algunas de las circunstancias planteadas anteriormente. En 1960 mi padre, el Dr. Bernhard Reimann, fue reclutado por una investigación con sede en el Instituto de San Diego para establecer el primer microscopio electrónico de esa instalación. Fue biólogo por formación y experto en segunda generación en el uso de instrumentos tan avanzados. En este caso, el microscopio fue fabricado por la empresa alemana Siemens. Mi padre había sido entrenado en Berlín, un centro de desarrollo para esa tecnología en ese tiempo.

La asignación original fue por un año. Pero, en ese momento, alguien que había abandonado el sistema académico europeo tenía graves dificultades para volver a entrar. También había subvenciones de investigación que se tenían en los EE.UU., ¿y quién no querría quedarse aquí? Como la mayoría de los inmigrantes, mi padre se encontró con desafíos. Estos incluían aprender inglés y vivir en un ambiente desconocido. Además, en 1960 el final de la Segunda Guerra Mundial estaba a sólo 15 años de distancia. Todavía había una suposición popular de que todos los alemanes habían sido automáticamente (y todavía eran) "nazis". Aunque falsa, esta percepción a menudo hacía que las interacciones profesionales y sociales innecesariamente incómodas y estresantes.

Una vez que mi padre se estableció, el resto de la familia siguió. Hemos estado aquí desde entonces. Al final mi padre tuvo una larga carrera trabajando como civil para un centro médico del Departamento del Ejército. Allí fue uno de las primeras personas en utilizar un microscopio electrónico como herramienta de diagnóstico para el cáncer y otras enfermedades, lo que permitió un mejor tratamiento médico de los militares y sus familias. Hacia el final de su tiempo en servicio público, mi padre recibió el Premio del comandante del Ejército por la Medalla del Servicio Civil. Este premio se otorga a los empleados del Ejército de los EE. UU. que han establecido un patrón sostenido de excelencia. Mi padre también hizo más de 70 contribuciones a la literatura científica la mayoría de los cuales aparecieron en revistas de investigación revisadas por pares. En su retiro, escribió tres libros basados en gran medida en sus experiencias de niño, adolescente y joven adulto en Alemania. Incluso en la jubilación continuó siendo activo y comprometido de otras maneras productivas. Viviendo en un pequeño pueblo en Nuevo México, ayudó

> a desarrollar un sistema de llamadas de emergencia 911 allí. También se le ocurrió un sistema de purificación de agua respetuoso con la ecología que era importante en un lugar donde el agua es un recurso escaso.

Esta historia ilustra varios puntos. Ciertamente, había desafíos que superar, aunque la migración de nuestra familia era más fácil que la de muchos otros. Pero su historia refleja los beneficios que la migración puede traer, tanto para la persona que viene a un nuevo país como para ese país mismo. Podríamos haber tenido una vida mejor de lo que habríamos tenido de otra manera. Pero mi padre también trajo experiencia que faltaba en los EE.UU. en ese momento. Luego usó ese conocimiento para beneficiar aún más a la ciencia y la medicina que trabajan en la vanguardia de los nuevos diagnósticos médicos. Sus aportes a su país adoptivo no terminaron en retiro. Utilizó su experiencia para ayudar a la comunidad donde vivía.

Preguntas
Si usted es un inmigrante que está buscando empleo en su nuevo país, o usted es alguien que ayuda a los inmigrantes en ese proceso, puede tener sentido desarrollar un plan de empleabilidad. Las preguntas comunes en un plan de este tipo son las siguientes:

- ¿Qué tipo de trabajo me gusta hacer?
- ¿Qué habilidades y experiencia tengo?
- ¿Qué tipo de educación necesito para ser contratado?
- ¿Cómo puedo mostrar a los empleadores potenciales que sería bueno en un trabajo?

Medición
La mayoría de las personas quieren trabajar en un trabajo que disfrutan y uno que se adapte a su personalidad. Estar

comprometido intelectual, mental e incluso espiritualmente en el trabajo es un factor motivador para el éxito. Cumplir con el trabajo significa menos ausentismo debido al estrés y la enfermedad y la sensación de que el cheque de pago no es todo lo que importa. Varios sistemas pueden ayudar a identificar áreas generales donde a las personas les gustaría trabajar, y el trabajo específico involucrado. Inventarios de interés identifican sistemáticamente ocupaciones que tienen una cierta característica en común. El trabajo con máquinas podría, por ejemplo, traducirse en una variedad de ocupaciones en ingeniería y mecánica. Los intereses artísticos se ajustan a muchas áreas como la música, la pintura y el cine. Los inventarios que hacen la conexión entre lo que le gusta y varias ocupaciones específicas incluyen el Inventario de Fuertes Intereses (una de las medidas más conocidas), O*NET Interest Profiler, Careerzone Interest Profiler y la Encuesta de interés estudiantil para clústeres profesionales. Algunos están disponibles en línea (por ejemplo, la Evaluación de Intereses de MnCareers). Para las personas que tienen problemas para leer, está el Inventario de Interés Pictórico y la Encuesta de Carrera de Interés Pictórico. Varios de estos inventarios son gratuitos. Algunas de estas medidas también están disponibles en varios idiomas, incluyendo alemán, árabe y español (por ejemplo, el inventario de globos personales, el inventario de intereses profesionales).[85]

Recursos

Supongamos que ha identificado una categoría general de ocupaciones que se ajusta a sus intereses y personalidad. Ahora quieres explorar varias ocupaciones que entran dentro de tu categoría. Un recurso probablemente infra útil utilizado para aprender acerca de ocupaciones en los EE.UU. es el Manual de Perspectivas Ocupacionales del Departamento de Trabajo. Le da una gran cantidad de información sobre los requisitos educativos y de otro tipo necesarios para entrar en una profesión, lo que hacen las personas de la profesión, compensación media en varios puntos de la carrera de una persona para esa profesión, y hasta qué punto hay una necesidad de una ocupación en el futuro.

El Manual se puede encontrar en línea en https://www.bls.gov/ooh/ Resources en otras naciones también rastrean los datos de perspectivas ocupacionales. Tal los recursos incluyen el Job Market Monitor en el Reino Unido, el Centro Alemán para el Desarrollo de la Formación Profesional y la Organización para la Cooperación y el Desarrollo Económicos (OCDE) (datos de 37 países).

7

RESILIENCIA E INTELIGENCIA EMOCIONAL

Como se describe a lo largo de este libro, los inmigrantes se enfrentan a una serie de situaciones estresantes a medida que emprenden el viaje a un nuevo país y luego se instalan en ese país. La evidencia disponible muestra que a muchos les va mejor que a sus contrapartes que permanecen en casa. Paradójicamente, algunos también lo hacen mejor las que siguen en la segunda generación.[61,86] Otros no lo hacen tan bien. Esto plantea las preguntas: ¿Qué cualidades hacen que algunas personas se adapten mejor que otras? ¿Por qué algunas personas que han estado expuestas a circunstancias traumáticas tienen reacciones emocionales mientras que otros no? Responder a tales preguntas puede ayudarnos a encontrar maneras de fomentar el éxito. Este capítulo explora estas cuestiones discutiendo cualidades individuales y factores culturales.

La resiliencia psicológica se ha definido como la capacidad mental y emocional para hacer frente a una crisis. Incluso si hay una reacción negativa inicial, la resiliencia nos ayuda a recuperarnos más rápidamente de eventos traumáticos. La resiliencia es la capacidad de protegerse de los efectos negativos del estrés. En resumen, las personas resilientes son más capaces de mantener la calma durante una crisis, actuar eficazmente para contrarrestarla. No es de extrañar que los inmigrantes con mayor resiliencia son más inmunes contra la angustia relacionada con el trauma.[87]

Como se describe a lo largo de este libro, los inmigrantes pueden enfrentarse a una multitud de desafíos y factores de estrés en su país adoptivo. Estos incluyen la discriminación basada en la estereotipos y conceptos erróneos dentro e la nueva sociedad en general.[88,89]

Un análisis detallado de los hechos reales sobre la inmigración desacredita tales estereotipos. A pesar de eso, los mitos perduran. Tener la fuerza psicológica para contrarrestar las percepciones negativas y soportar a pesar de las experiencias es fundamental para el bienestar emocional y el éxito.

Las investigaciones han demostrado que cierta adhesión a las creencias culturales de los países de origen puede proteger a las personas contra problemas futuros. La literatura ha descrito, por ejemplo, una "paradoja latina" o "paradoja hispana". En pocas palabras, este fenómeno se refiere a investigaciones que muestran que los latinoamericanos de primera generación tienden a tener resultados de salud que aproximadamente equivalentes (o a veces mejores que) sus homólogos "Anglo."[90] Esto se considera una paradoja porque los latinos de primera generación tienden a tener ingresos y educación promedio más bajos, factores que son generalmente relacionados con peores tasas de salud y mortalidad más altas en todo el mundo. Si bien tales observaciones estaban inicialmente relacionadas con la salud física (por ejemplo, obesidad y diabetes) otras investigaciones han observado tendencias similares en el bienestar psicológico.

Si bien este escenario parece ser particularmente cierto para las poblaciones inmigrantes de primera generación, se vuelve menos pronunciado en generaciones posteriores. Los latinos de segunda generación tienen, por ejemplo, un mayor riesgo que sus contrapartes de primera generación de depresión, ansiedad, ideación suicida, trastornos de conducta, conducta y trastornos alimenticios, y abuso de sustancias.[61,63] Se han identificado patrones similares para las poblaciones que emigran de Asia y el Caribe.

La existencia de este fenómeno ha sido cuestionada por algunos, basándose en limitaciones en la investigación (por ejemplo, sesgos estadísticos) que se utilizó para identificarlo.[91] A pesar de todo, se ha observado en tantos casos que tales críticas tienen un peso limitado.

¿Qué explica este fenómeno? En parte, puede ser que las personas que están dispuestas a emprender (y que sobreviven) una migración tienden a ser más saludable y psicológicamente más robusto y persistente que aquellos que permanecen en casa. Además, los migrantes de primera generación pueden ser más propensos a ceñirse a las creencias tradicionales que son familiares y, por lo tanto, paliativos, admoniciones culturales contra el abuso de sustancias, así como las prácticas dietéticas a las que sus cuerpos están más acostumbrados. Además, puede haber fuertes tradiciones en torno a la solidaridad familiar y las interconexiones que dan lugar a un fuerte sistema de apoyo.

Las generaciones posteriores son más propensas a adoptar prácticas de mayor riesgo, como el abuso de drogas y los cambios en la dieta (por ejemplo, comidas "sobrealimentadas" en una cultura de comida rápida). Además, pueden ser más conscientes de su condición de minoría, los consiguientes sesgos y las barreras sociales que potencialmente limitan su éxito. Por lo tanto, es probable que el optimismo que impulsó la migración de primera generación se erosione entre los inmigrantes de segunda generación. En resumen, aferrándose a algunas tradiciones familiares y dietas tradicionales, aunque no es la versión de comida rápida de tales dietas) puede ser física y psicológicamente saludable.[90]

Otro concepto a considerar en el aprendizaje que se adapta mejor ha sido llamado "inteligencia emocional". Esta es la capacidad de ser consciente, controlar y expresar las emociones de uno con eficacia. Tal habilidad aumenta la posibilidad de que seamos capaces de manejar las relaciones interpersonales cuidadosamente y con empatía. A menudo se cree que la inteligencia emocional tiene cinco componentes básicos: autoconciencia, autorregulación, motivación interna, empatía y habilidades sociales.[92]

Esencialmente la autoconciencia es la capacidad de entender nuestras propias emociones, fortalezas, debilidades, impulsos, valores y metas. Además, tenemos que reconocer cómo nuestras expresiones en estos ámbitos afectan a otras personas. La autorregulación es lo bien que controlamos las emociones e impulsos disruptivos negativos. También tenemos que considerar lo bien que nos adaptamos a las circunstancias cambiantes (ciertamente un factor importante para los inmigrantes). Las habilidades sociales implican nuestra capacidad de llevarnos bien con los demás. La empatía es lo bien que consideramos los sentimientos de otras personas a medida que tomamos decisiones. En ese contexto, la "motivación" es nuestra conciencia de lo que impulsa a otras personas.

Si somos capaces de entender, equilibrar y aplicar estos factores, es probable que seamos más seguros, más eficaces con los demás y menos estresados. También tiene el potencial de ayudarle a guiar a los demás.

¿Cómo se obtiene inteligencia emocional? Proporcionar un curso completo sobre el tema está fuera del alcance de este libro. Pero, en pocas palabras, requiere una evaluación honesta de cómo se hacen las cosas ahora y si los actuales métodos de trabajo. Si no lo haces, considera cambiar tus hábitos y métodos. Si recibes reacciones negativas de otros, trata de ponerte en su lugar para que puedas encontrar empatía e identificarte con ellos. Además, considere cómo responder a la adversidad. Si te molestas, ¿eso resuelve el problema? La forma en que actuamos es algo que tenemos a nuestro control. Pero hay cosas que claramente no están en nuestro control (por ejemplo, las acciones de las otras personas). Asuma la responsabilidad de sus propias acciones. Si es necesario, pida disculpas y corrija los errores. Es importante saber que la resiliencia no se te da por tu composición genética. Implica cualidades y habilidades que se pueden aprender con cuidado y práctica.

¿Cómo es la resiliencia en la vida real? Aquí hay un ejemplo de nuestra práctica clínica: Una pareja vino a nuestra oficina. Ellos tienen ocho hijos. Ambos padres adultos eran refugiados somalíes y no tenían educación formal alguna. La esposa estaba gravemente deteriorada por el TEPT, el marido trabajó duro en trabajos míniales para salir delante, nunca renunciando a la promesa de una vida mejor en los Estados Unidos. Eso, en sí mismo, merecía mucho respeto. Pero probablemente el más increíble logro familiar fue que eventualmente los ocho de sus hijos estaban asistiendo a una universidad reconocida por estar entre 25% superior en este país. Los hijos (niños) más pequeños estaban inscritos en programas avanzados de la escuela secundaria. En una generación, la familia había pasado de ser literalmente cero en educación formal a logros educativos de alto nivel.

Varias maneras en que los miembros de la familia pensaron, y se acercaron a sus vidas explican este éxito. La madre estaba gravemente discapacitada. Pero el padre y los niños eran psicológicamente robustos. El padre, en particular, fue capaz de entender las difíciles circunstancias de la vida de maneras constructivas. Un ejemplo ilustra el punto: Al obtener la ciudadanía estadounidense, el padre viajó a Kenia y se reunió con un hermano que no había visto en muchos años. Hablaron extensamente sobre sus vidas y el amor que compartían por su familia. El hermano murió la noche siguiente. Aunque entristecido por este evento repentino e inesperado, el padre expresó gratitud por su oportunidad de haber podido visitar y estar con el hermano una última vez. Lo interpretó como el destino, un don de Dios. En otras palabras, encontró una manera de mirar la situación que fue positiva.

Los miembros de la familia también confiaron en sus propias habilidades para tener éxito en los EE.UU. Si bien aceptaban la ayuda según fuera necesario, no esperaban que una sociedad estadounidense más amplia los cuidara indefinidamente. Más bien, utilizaron su propia persistencia, creatividad, adaptabilidad y trabajo duro para tener éxito.

Unas preguntas para hacerse

Aquí son algunas declaraciones en las que puede pensar cuando considera la resiliencia y la inteligencia emocional. ¿Estas declaraciones son ciertas para usted o no?

- Puedo depender de mi familia y amigos.
- Sé que tendré éxito en la vida, aunque sea difícil.
- Busco consejo o ayuda de los demás a veces cuando lo necesito.
- Me disculpo cuando es apropiado.
- Hablo cuando me hablan y tiendo a sonreír cuando otros me sonríen.
- Puedo expresar diferencias de opinión, crítica o queja sin romper las amistades con los demás.
- Se me puede confiar para hacer lo que digo que haré.
- Hago declaraciones positivas sobre mí mismo y demuestro conceptos positivos.
- Me pongo bien con otros en las interacciones grupales.
- Acepto la crítica constructiva sin enojarme.
- Entiendo cómo evitar problemas con la policía u otra autoridad.
- Puedo verbalizar una comprensión realista sobre las formas de hacer frente a las situaciones.
- Me involucro activamente en el comportamiento de resolución de problemas. Complemento y animo a los demás.
- Ayudo a otros incluso sin tener en cuenta el beneficio personal.
- Hago que mis propias opiniones y preferencias sean conocidas.
- Participo en eventos sociales y me involucro en funciones y actividades grupales.
- Me involucro activamente en comportamientos de resolución de problemas relacionados con problemas personales, familiares o sociales.
- Valoro mis propias habilidades y logros de manera realista.

- Hago metas realistas para mí.
- Creo que soy bueno en muchas cosas

8

COMPETENCIA CULTURAL

La competencia cultural es la capacidad de entender las lentes sociales y culturales a través de las cuales los inmigrantes entienden y actúan en su vida cotidiana. Esta competencia ayuda a los países y comunidades a trabajar con inmigrantes.

La competencia cultural es un tema complejo y amplio que realmente merece su propio libro. Es pertinente para una variedad de áreas, incluyendo cuestiones relacionadas con la diversidad y la inclusión en las empresas, otras organizaciones, negocios y comercio internacionales, toma de decisiones legales, salud mundial y cualquier circunstancia en la que interactúen personas de diversos orígenes nacionales y culturales. En este capítulo proporcionamos una visión general básica del tema, así como algunos ejemplos relevantes de nuestra propia experiencia. Estos ejemplos incluyen los esfuerzos de investigación dirigidos a mejoras de las políticas estructurales como cómo licenciar mejor a los proveedores de atención médica y maneras de mejorar los servicios a nivel comunitario. Además, proporcionamos un ejemplo de cómo la cultura puede desempeñarse en el entorno clínico. Esperamos que nuestros comentarios aumenten su interés en este importante tema.

La Oficina de Salud de las Minorías de los Estados Unidos define la competencia cultural como "tener la capacidad de funcionar eficazmente como individuo y como organización en el contexto de creencias culturales, comportamientos y necesidades presentadas por los consumidores y sus comunidades."[93] Añadimos que la competencia cultural es una habilidad que hay que aprender. Como tal, la competencia cultural no es adquirido por su raza, étnica, cultura, nacionalidad u otra característica. Además, ser "competente" no significa que seas un experto (o hables) de algún grupo cultural en particular. Sólo significa que tienes suficiente conciencia y habilidad para ser razonablemente eficaz. Es un paso en un proceso que comienza con el desconocimiento de otras culturas y se mueve a la competencia en la comprensión y el trabajo con personas de otras culturas. Básicamente, la competencia cultural incluye tres dimensiones: 1) conocimiento cultural sobre un grupo en particular, 2) conciencia de las actitudes y creencias que tienes hacia las personas que son de una cultura diferente a la suya, y 3) competencias en el uso de la construcción de relaciones, evaluaciones e intervenciones culturalmente apropiadas. En las profesiones de ayuda, esto incluye la atención y la promoción de prácticas de tratamiento culturalmente eficaces y acceso a una variedad de servicios (por ejemplo, intérpretes cualificados o expertos legales).[88]

De acuerdo con la declaración de misión de la Asociación Americana de Psicología (APA, por sesión), la competencia cultural debe ser un principio inherente que subyace a todos los servicios prestados por psicólogos. En parte, esta premisa se aplica a individuos de grupos étnicos y raciales cultural y/o lingüísticamente distintos e incluye específicamente a los inmigrantes.[88]

Entonces, ¿qué implica la competencia cultural? Muchas personas de grupos culturales y lingüísticamente distintos han tenido malas experiencias con los proveedores de atención médica y servicios sociales. Tales reacciones han sido motivadas por encuentros negativos que van desde la insensibilidad básica hasta abusos contra los derechos humanos.[94] Esto ha llevado a la desconfianza de los consejos médicos, como tomar la vacuna COVID-19.[95] Además, los tabúes culturales limitan la voluntad de algunas personas de participar en los esfuerzos de evaluación y tratamiento. Para cambiar eso, crear una buena relación con respeto son críticos.

Si bien puede ser contraintuitivo, el camino hacia la competencia cultural comienza con la autocomplacencia en lugar de la divulgación a personas de otros grupos. Con demasiada frecuencia, las personas bienintencionadas pueden tener sesgos hacía, y nociones preconcebidas sobre aquellos que son diferentes incluso cuando tales sesgos no son intencionales y están en desacuerdo con cómo nos vemos a nosotros mismos. Pero esto no es un problema insuperable. Si aceptas la realidad de que todos tenemos algunos sesgos, has dado el primer y posiblemente el paso más crucial hacia la competencia cultural.[88]

Un estudio de médicos que publicamos hace un tiempo ilustra el punto. La información básica que cedió sigue siendo relevante hoy en día. Nuestros resultados encontraron que la exposición simple a grupos étnicos en la práctica clínica no en sí mismo, facilita la atención culturalmente competente. Más bien, esa atención fue motivada más directamente por 1) nuestra capacidad de reconocer que los factores culturales son una consideración importante en la atención médica y 2) la conciencia que los sesgos personales en torno a los grupos culturales pueden impedirnos en proporcionar los servicios profesionales más eficaces.[96]

Aceptar que todos nosotros tenemos prejuicios, no importa cuán involuntarios sean, es difícil. Una reacción común puede ser "... no yo, yo no hago eso..." Pero sin reconocer nuestras

propias ideas preconcebidas, nuestros esfuerzos por entender
varias comunidades pueden convertirse en un ejercicio en lo
que a veces hemos llamado "ver culturas en desfile" en nuestra
formación de competencias culturales. En otras palabras, exper-
imentamos los alimentos tradicionales, la música, el vestido y
las costumbres de un grupo específico desde el banquillo y luego
las juzgamos a través de nuestros propios antecedentes. Por el
contrario, reconocer nuestros propios prejuicios nos ayuda a
suspender esta inclinación y entender las costumbres de una
comunidad desde su propio punto de vista.[97]

Es importante tener en cuenta que la competencia cultural
no requiere que aceptemos automáticamente todos los comportamientos que las personas reclaman como tradicionales. La
justicia social básica es una consideración importante. En pocas
palabras, ninguna reivindicación cultural, religiosa u otra afir-
mación excusa la violencia o subyugación contra los demás. Sin
embargo, ser conscientes de nuestros propios sesgos potenciales
nos ayuda a separar lo funcional de lo disfuncional dentro de los
nuestra, así como en otras culturas.

Después de haber revisado algunos fundamentos, ahora
podemos discutir algunas consideraciones básicas en el marco
de competencia cultural. Estas son sólo algunas cosas en las que
hemos tenido que pensar:

Lenguaje & Servicios interpretativos: ¿Quién presta estos servicios? ¿Estamos usando intérpretes profesionales o miembros de
la familia? ¿Conocen los intérpretes profesionales los dialectos
regionales de las personas con las que trabajamos

A veces los parientes adultos son la opción más viable. Pero
el uso de niños o adolescentes en el papel del intérprete nunca
es una buena idea. Tales consideraciones son importantes en la

atención médica, los casos legales que involucran inmigrantes, servicios basados en el gobierno, y en muchos otros entornos.

Prácticas dietéticas: ¿Las personas se han sometido a cambios dietéticos con aculturación que han resultado, o potencialmente pueden resultar en problemas de salud (¿por ejemplo, obesidad, diabetes tipo 2?)

Cómo se describen los problemas: En algunos casos, los síntomas psicológicos se describen en términos físicos, ya que así es como se perciben y son más socialmente aceptables. (Es mejor estar enfermo que loco.)

Considere el lenguaje corporal: Por ejemplo, las prácticas en torno al contacto visual y los saludos de manos varían según las prácticas culturales y religiosas.

Dinámica familiar y rituales sociales: Los roles familiares pueden cambiar con la inmigración y la aculturación dependiendo de los que ganan más dinero o de los miembros de la familia que han aprendido el nuevo idioma más rápidamente. Frecuentemente los niños de la familia se les pide que intervengan para ayudar a los adultos en su hogar. Sin embargo, esto es problemático en la atención médica, servicios sociales, discusiones económicas, jurídicas y de otro orden en las que se aborda información que no debe compartirse con los niños.

Estatus socioeconómico: Al igual que la dinámica familiar, el estatus socioeconómico puede cambiar con la migración. De repente el ex médico o abogado en el nativo país está conduciendo un taxi en el nuevo país. Incluso si es temporal, tales reversiones de roles pueden tomar algún ajuste.

Género: Tener un médico u otro proveedor que coincida con el sexo de un paciente puede ser una prioridad, especialmente en el caso de exámenes físicos. Esto es a menudo cierto independientemente de la cultura, pero puede involucran tabúes religiosos o sociales especiales en algunas circunstancias. También es importante tener proveedores que sean expertos en cuestiones relacionadas con la identidad de género involucrados en casos en los que eso sea una preocupación. Además, saber quién tiende a ser el defensor de la salud (por ejemplo, quién lleva a los cónyuges e hijos a recibir atención) en varias culturas es importante.

Como informar a la gente sobre los servicios: ¿Cómo informan los proveedores a las personas sobre los servicios disponibles? ¿Qué métodos funcionan mejor cuando intentamos informar a una comunidad a través de la divulgación y la educación? Hacer saber a la gente que los servicios suelen ser confidenciales, y los límites legales de dicha confidencialidad son factores importantes. Obviamente, tener empleados que hablan el idioma de la comunidad es fundamental.

¿Qué métodos de diagnóstico y tratamiento se aplican? Para la atención médica y particularmente para los profesionales de la salud mental es importante que sepa que las pruebas de evaluación que utiliza son válidas para personas de diferentes orígenes culturales. Esto incluye usando el lenguaje correcto. Pero también requiere que sepamos cómo diferentes culturas entienden la salud y la enfermedad. ¿Qué sucede en los casos en que no se practica la competencia cultural? Estos son solo dos ejemplos reales que conocemos:

1. Uno de nuestros clientes solicitó servicios sociales basados en un trastorno mental. Se le negó la asistencia porque se vistió de colores brillantes para una reunión donde se determinó la elegibilidad. La suposición era que las personas que están deprimidas usarían ropa sosa que refleja su estado de ánimo

sombrío. La señora era de origen somalí donde los vestidos de colores brillantes son la norma. También había sido vestida por familiares para una cita tan importante.

2. Otro cliente nos dijo que faltó a una cita con un nuevo médico. Cuando se le preguntó por qué sucedió, respondió que se presentó a tiempo, pero se le dio documentación en inglés para completar antes de que el médico pudiera verla. Mientras este cliente hablaba inglés, era analfabeta. No había nadie en el área de espera que pudiera ayudarla, y el personal de recepción parecía estar ocupado. En consecuencia, la cliente salió a buscar a alguien que pudiera ayudarla. Cuando regresó al consultorio del médico, ya era demasiado tarde para que la vieran. Este tipo de escenario no se limita a la atención médica. Los problemas con el lenguaje y la alfabetización también ocurren en negocios, gobierno, legales, financieros y muchas otras circunstancias.

Como lo demuestran los dos ejemplos anteriores, el logro de la competencia cultural, por no hablar de la experiencia cultural, es importante y nos obliga a abordar muchos elementos. Para ayudar tanto a las personas como a las organizaciones, la Oficina de Salud de Minorías de los Estados Unidos desarrolló las Normas Nacionales de Servicios Cultural y Lingüísticamente Apropiados en Salud y Atención médica (también conocidos como las Normas CLAS). Estos estándares proporcionan un marco que mejora la calidad de la atención médica y promueve la equidad en la salud dentro de las organizaciones que sirven a comunidades cada vez más diversas en los Estados Unidos.

El principio primordial es "proporcionar atención y servicios de calidad equitativos, comprensibles y respetuosos que responden a diversas creencias y prácticas culturales de salud, idiomas preferidos, alfabetización sanitaria y otras necesidades de comunicación."[98]

A nivel internacional, la investigación y la promoción en torno a la competencia cultural también han puesto de relieve la importancia de la salud mundial. En otras palabras, necesitamos entender la salud y las enfermedades en el contexto de las poblaciones que migran, el cambio climático, relaciones económicas mundiales y otros factores. Esta perspectiva pone énfasis en enfoques interdisciplinarios que se unen a enfoques epidemiológicos, culturales, financieros, ambientales, étnicos, políticos, y contextos legales. Aunque es muy ambicioso, se reconoce que vivimos en un mundo interconectado en el que la salud y el bienestar son cuestiones globales y no país por país.[99]

A lo largo de los años, además de nuestra práctica de psicología clínica e investigación en salud pública, nosotros, los autores, hemos llevado a cabo formación en Competencia Cultural. Si bien estos han estado a menudo en la atención médica, también han involucrado a abogados, empleadores, agencias gubernamentales, proveedores de servicios de vivienda y otros entornos. A lo largo de los años también hemos llevado a cabo una serie de evaluaciones comunitarias que identificaron las necesidades específicas de los grupos de inmigrantes y lugares remotos dentro de los EE.UU. Estos esfuerzos se llevaron a cabo para mitigar las disparidades de salud. Queríamos ayudar a grupos de personas, en particular inmigrantes, que han experimentado sistemáticamente mayores obstáculos a la atención médica y otros servicios debido a una multitud de circunstancias. Estos incluían sus orígenes nacionales, religiones, estatus socioeconómico, género, edad, salud mental, discapacidades, orientación sexual o identidad de género, ubicación geográfica, y otras características que tienden a entrar en el camino de los servicios adecuados.[100]

A continuación, describiremos tres de los proyectos que desarrollamos y llevamos a cabo con el fin de destacar cómo algunos de los conceptos abordados anteriormente se desarrollan en la vida de personas que enfrentan necesidades y circunstancias específicas. Describimos estos proyectos y señalaremos los puntos más importantes que los proveedores de servicios, expertos en políticas, administradores, legisladores, desarrolladores comunitarios y los propios inmigrantes pueden aprender de ellos.

El Proyecto Salaam[101] fue básicamente una evaluación psicológica y general de las necesidades de salud que se centró en los miembros de las comunidades de Oriente Medio, El Norte de África y África Oriental de San Diego. Fue un esfuerzo conjunto que incluyó a personas de diversos orígenes. Organizacionalmente, implicó una asociación entre una institución académica - Escuela de Posgrado de Salud Pública de la Universidad Estatal de San Diego– y una institución basada en la fe, el Centro Islámico de San Diego (ICSD). El proyecto incorporó experiencias de miembros individuales del equipo que tenían licencia para médicos de salud mental, proveedores de atención médica (algunos lo habían hecho en varios países), y otros que tenían conocimientos pertinentes para estas comunidades. En resumen, el proyecto combinó e integró la experiencia de académicos, trabajadores de servicios de salud y personas que estaban integradas en las comunidades a las que queríamos ayudar.

El Proyecto Salaam fue desarrollado porque, a principios de la década de 2000, aquellos de nosotros que practicamos psicología clínica nos dimos cuenta cada vez más de la angustia emocional entre los miembros de Oriente Medio de San Diego, y las comunidades de África oriental. Los clientes individuales describieron experiencias negativas y cómo estaban tratando de hacer frente a tales experiencias en su vida cotidiana. Entre los inmigrantes, las historias de experiencias adversas incluyeron persecución, encarcelamiento y tortura en su país de origen. Estos clientes también describieron haber sufrido acoso y discriminación en los Estados Unidos. Además, nos dijeron que tales incidentes se habían intensificado en respuesta a los ataques terroristas del 11 de septiembre de 2001 en Nueva York, los posteriores ataques terroristas en varias partes del mundo y las acciones militares estadounidenses en Irak y Afganistán.

Algunos de nuestros hallazgos clave fueron los siguientes: Un número sustancial de inmigrantes de San Diego de regiones de Oriente Medio, El Norte de África y África oriental experimentaron persecución en sus países de origen. Además, miembros de estos orígenes que habían emigrado a San Diego reportaron niveles notables de acoso, discriminación y crímenes de odio. Tendían a decir que el acoso se basaba en sus creencias religiosas, la forma en que se ven y vestían, y su pertenencia a grupos étnicos culturales. Para árabes y musulmanes, el vestido tradicional fue reportado como la mayoría de las frecuencias por las que se sentían atacados. Los miembros de otros grupos, incluidos los cristianos caldeos, no estaban exentos. (Los Caldeos forman parte de la Iglesia Católica y tienen sus orígenes en Oriente Medio, principalmente en el norte de Irak, el sureste de Turquía y el noreste de Siria.) Las experiencias específicas incluían desde formas sutiles de discriminación a enfrentamientos violentos.

Adolescentes y niños reportaron niveles notables de acoso, a menudo en sus escuelas por parte de compañeros de clase. Los niños también reportaron comentarios estereotipados e hirientes hechos por sus maestros. Sólo una pequeña proporción de los que sufrieron acoso y discriminación lo denunciaron. Las razones comunes de la decisión de no reportarlo eran no saber a quién ir, la creencia de que informar de ello sería ineficaz, y el deseo de no llamar la atención a sí mismos. De hecho, entre los adultos que reportaron experiencias adversas, sólo el 12% estaba satisfechos con el resultado.

Entre los inmigrantes, aquellos que sufrieron persecución en sus países de origen reportaron más dificultades psicológicas relacionadas con el trauma que aquellos sin tales experiencias. Aquellos con experiencias de trauma tanto en su país de origen como en los Estados Unidos reportaron más dificultades psicológicas que cualquier otro en los grupos. Los problemas generales descritos con mayor frecuencia por los adultos eran dificultades para expresar sentimientos, problemas para trabajar, sentirse indefensos, dificultad para concentrarse, nerviosismo y sentirse separado de los demás.

Las experiencias de persecución en el país de origen estuvieron particularmente relacionadas con pensamientos de muerte y dificultades para expresar sentimientos. Aquellos que habían experimentado tortura con mayor frecuencia experimentaron desapego de los demás y enojo hacia uno mismo. El acoso en los EE.UU. estaba particularmente relacionado con la ira, la soledad, sentimientos de culpa y problemas conyugales. También se describieron dificultades de trabajo y aumento de la discordia familiar entre el grupo. Esto incluyó algunos informes de violencia doméstica y divorcio.

Los jóvenes a menudo describían a sus padres como no disponibles para hablar de sus problemas. Tanto adolescentes como adultos reconocieron un aumento de la comunicación y las brechas emocionales entre los padres y sus hijos. Aquellos con fuerte convicción religiosa intentaron hacer frente al estrés principalmente a través de la oración. Pero muchos también reconocieron que se trataba sólo de una solución parcial. Al parecer, otros negaron cualquier dificultad porque veían el estrés como una debilidad personal y temían ser considerados "locos". Miembros de comunidades de Oriente Medio, Norte de África y África Oriental en San Diego a menudo veía que los servicios formales de salud mental no estaban disponibles para ellos. En parte, esto se debió a la falta de proveedores cultural y lingüísticamente competentes. Además, el estigma cultural asociados con problemas emocionales hicieron que las personas evadían a buscar atención. Al igual que otros grupos de inmigrantes, los inmigrantes de primera generación de Oriente Medio, el norte de África y África oriental tenían menos acceso al seguro de salud que las personas de la población estadounidense en general. Este problema se extendió a sus hijos y adolescentes, y particularmente a aquellos que no hablaban o hablaban muy poco inglés. Estas mismas personas también describieron dificultades para encontrar un médico y hacer citas médicas. Por último, el 60% de los encuestados dijo que había dejado de visitar a un médico, clínica u hospital en particular debido al mal trato que habían recibido.

El resultado del Proyecto Salaam fue que, como informe escrito, pudimos distribuir información sobre las necesidades de un grupo de personas en gran parte inmigrantes cuyas circunstancias habían sido mal entendidas. También hicimos recomendaciones clave que describían cómo esta comunidad podía ser asistida. Por último, tuvimos una gran reunión con miembros de la comunidad y las representantes de fuerzas del orden que se ocupan de los crímenes de odio en la que compartimos nuestras conclusiones. Esto permitió a los participantes saber que habían sido escuchados por nosotros y les dio la oportunidad de darnos comentarios adicionales.

El **Proyecto Salud Libre**[102] fue una evaluación de las necesidades de salud mental entre las comunidades México-estadounidenses, en su mayoría rurales y en su mayoría inmigrantes, en el Valle Imperial de California. La evaluación fue realizada por un sistema clínico comunitario local con el apoyo y la consulta importantes de nosotros.

Nuestra evaluación fue motivada por el conocimiento de la clínica comunitaria de su entorno rural. Los mejores datos nacionales muestran que las personas que viven en estos entornos experimentan barreras significativas de acceso a la atención médica. A menudo tienen menores ingresos familiares y son menos propensos a ser cubiertos por un seguro de salud que sus contrapartes urbanas. Además, hay menos proveedores cualificados disponibles en el entorno rural que en sus contrapartes urbanas. Los latinos enfrentan el potencial doble peligro de los déficits de servicios regionales y étnicos específicos.

Estas circunstancias son ciertas tanto para la salud mental como física. A nivel nacional, se han citado servicios limitados de salud mental para poblaciones rurales y culturalmente distintas como causantes de varios problemas. Menos personas obtienen atención en absoluto. Aquellos que reciben ayuda tienden a hacerlo más adelante en el curso de su enfermedad. Las consecuencias incluyen síntomas más graves, persistentes e incapacitantes que son más caros de tratar de lo que habría sido con la intervención temprana.

La evaluación de Salud Libre consistió en datos recopilados a través de encuestas, grupos focales estructurados y entrevistas clave de las partes interesadas. Las actividades se llevaron a cabo en español e inglés en muchos lugares que abarcan el Condado Imperial. Las encuestas recopilaron información demográfica, aculturación, síntomas de salud mental, acceso y utilización de servicios, preferencia de atención e información relacionada.

El reconocimiento de que los residentes del Valle Imperial tienden a experimentar factores de estrés significativos fue uno de los hallazgos clave. Estos factores de estrés incluían economía inestable, calor extremo del verano, aislamiento y enfermedades físicas. Los síntomas de salud mental más comúnmente citados estaban relacionados con la ansiedad, depresión y frustración. Además, las personas a menudo describían dificultades físicas que tendían a conectar con problemas emocionales. Las mujeres, los adolescentes, los ancianos, los que eran menos aculturados, y aquellos que hablaban poco o ningún inglés parecían estar en mayor riesgo de angustia emocional. Los factores estresantes y los síntomas de salud mental causaron y exacerbaron las deficiencias en las actividades de la vida diaria en la escuela y los entornos familiares. La discordia familiar era particularmente común. Esto, a veces, condujo a abusos, divorcios, consecuencias legales y abandono.

Además, el número de no asegurados fue alto en comparación con las cifras reportadas a nivel nacional. Muy pocos proveedores cultural y lingüísticamente competentes, tabúes culturales contra los servicios y falta de conocimiento sobre las opciones de tratamiento de salud mental también fueron barreras importantes. Los que hablan poco inglés se encontraron con algunas de las mayores barreras. México fue la fuente más común de salud mental y auto salud física. Esta opción proporcionó algunos accesos necesarios. Por ejemplo, despertó preocupaciones (por ejemplo, entre los médicos) sobre el uso de medicamentos que se pueden obtener en México, pero que no están aprobados en los Estados Unidos.

El Proyecto Salud Libre demostró que es importante observar comunidades específicas dentro de un país más grande a medida que evaluamos las necesidades de los inmigrantes. Mientras que ambos entornos están en los EE.UU., las comunidades rurales tienden a tener poco en común con las grandes áreas metropolitanas. Ambos merecen una atención matizada a sus condiciones únicas. Por ejemplo, la interacción entre las culturas. Cuando los inmigrantes van a la ciudad de Nueva York en comparación con el Valle Imperial de California va a ser muy diferente. Esto provoca la necesidad de diferentes tipos de desarrollo comunitario.

Los métodos que usamos para el Proyecto Salud Libre y el Proyecto Salaam tenían algunas cosas en común. Mientras se dirigían a diferentes lugares y grupos de inmigrantes, ambos incluían profesionales de diversos orígenes y con una variedad de experiencia (por ejemplo, academia, práctica clínica y atención médica comunitaria) para abordar los problemas locales del sur de California. Esta combinación mostró cómo los miembros del equipo de varios orígenes pueden abordar los problemas si trabajan juntos como iguales.

Un proyecto de tipo diferente: Si bien los dos ejemplos descritos anteriormente implicaban una evaluación de las necesidades basada en la comunidad, también llevamos a cabo otros que se centraron en los sistemas utilizados para los proveedores de atención médica calificados. Nuestra pregunta básica era: ¿Estos sistemas de evaluación funcionan si los proveedores están bien capacitados en circunstancias culturales que afectan la atención?

Competencia Cultural en la Licencia de Profesionales de la Salud[103] fue un proyecto patrocinado por el Departamento de Salud y Servicios Humanos de los Estados Unidos, Oficina de Minorías Salud (OMH). Nuestro trabajo investigó el grado en que la competencia cultural fue evaluada por los procesos de licencia y los exámenes de diversas disciplinas de los servicios de salud.

La "competencia cultural" consistió en el grado en que los principales exámenes nacionales de licencia sanitaria y otros procedimientos incluyen 1) cuestiones válidas que abordan la diversidad humana, y 2) controles iniciales y de validez en curso diseñados para evaluar si los procedimientos de examen y/o artefactos tuvieron algún impacto adverso en los miembros de grupos lingüística y culturalmente distintos. Además, el informe incluía un examen de los enfoques existentes para los exámenes orales y prácticos, y una evaluación de las percepciones sobre el contenido del examen, la equidad y otras cuestiones relevantes entre los candidatos de grupos cultural y lingüísticamente distintos. Finalmente, el proyecto hizo recomendaciones en el estudio e identifico los obstáculos existentes que impiden los esfuerzos para mejorar la competencia cultural en la licencia.

Dada la misión de OMH de mejorar y proteger la salud de las poblaciones raciales y de minorías étnicas, el informe se centró en gran medida en esos grupos. Nuestro proyecto no cubrió exámenes de disciplinas como quiropráctica, optometría, farmacia, fisioterapia, cuidados respiratorios y enfermería vocacional. Más bien, se centró en siete campos profesionales importantes con el fin de iniciar un proceso que destaca la gama de enfoques y prácticas de prueba actualmente en uso. Se trataba de pruebas para médicos, médicos osteopáticos, psicólogos, enfermeras registradas, dentistas, trabajadores sociales y consejeros certificados a nivel nacional. Era nuestra esperanza de que el informe estimule una investigación y un debate más amplios sobre la competencia cultural en la concesión de licencias a los profesionales de la salud.

Las siguientes consideraciones de antecedentes motivaron nuestra participación en el proyecto en ese momento: Si bien proporcionar atención médica culturalmente competente es obligación de cada proveedor, la literatura adicional señala que una fuerza de trabajo sanitaria diversa es probable que mejore y amplíe el acceso al servicio. Nosotros, por ejemplo, sabemos que los proveedores de atención médica latinos y negros tienden a trabajar con un mayor número de pacientes de grupos tradicionalmente desatendidos que sus equivalentes blancos. Los estudios han también señalaron que, otros factores iguales, una coincidencia étnica entre proveedor y paciente/cliente tiende a aumentar la satisfacción del consumidor y la utilización del servicio.[104] Algunos programas e instituciones educativas han aumentado así su énfasis en los esfuerzos de "canalización" que atraen diversos talentos a las carreras de atención médica (por ejemplo, centros de excelencia hispanos). Al contrario, la literatura existente afirma que las políticas que obstaculizan la contratación y la educación de los trabajadores sanitarios de poblaciones culturalmente distintas reducen el acceso a la atención sanitaria para las personas en el extremo inferior del espectro y entre las llamadas "minorías."[105] La continua escasez de profesionales sanitarios de grupos lingüística y culturalmente distintos hace que estas cuestiones crítico.[106] (Para un debate más amplio sobre el tema, véase el Capítulo 6.)

Un ámbito de la atención sanitaria que ha sido sustancialmente infra investigado es el papel que desempeñan los métodos
y procedimientos profesionales de concesión de licencias para
promover u obstaculizar los esfuerzos para una base de proveedores culturalmente competente. Las investigaciones existentes
indican que las personas de varios grupos étnicos se compor-
tan de manera diferente en los exámenes de licencia. Por ejemplo, Dawson-Saunders, Iwamoto, Ross y sus colegas[107] informe
de que el Examen de Licencias Médicas de los Estados Unidos
(abreviado USMLE), Paso 1, una parte del proceso de concesión
de licencias para médicos, exhibe tasas de aprobación más bajas
para grupos culturalmente distintos no blancos (49% para las
personas negras, 66% para los latinos, y el 88% para los blancos).
La Junta Nacional de Examinadores Médicos[108] responde que,
después de múltiples intentos, casi todos los candidatos pasan
eventualmente (100% blancos, 98% para latinos y 93% de personas negras. Estudios en otras disciplinas, Werner[109] informó que
los solicitantes no blancos en California aprobaron el examen
dado a nivel nacional para la Práctica Profesional en Psicología
(EPPP) a menos de la mitad de la tasa de sus contrapartes blancas. Tendencias similares se han encontrado en los exámenes de
licencia de enfermería.[110]

A través de este proyecto, aprendimos que había diferencias
importantes en las formas en que varios exámenes abordan el
contenido y el proceso de la diversidad humana. Por ejemplo,
el Consejo Nacional de Juntas Estatales de Enfermeras, examen
RN primario, elementos de prueba validados estadísticamente
por género y grupo étnico principal. El rendimiento dispar des-
encadenó una revisión que podría conducir a la eliminación de
elementos. Entre ellos, inglés como segundo idioma se rastreon.
Los exámenes prominentes para otras disciplinas (por ejemplo,

trabajo social) también comprobaron el desempeño por etnia y género. Por lo contrario, los desarrolladores del examen en psicología, medicina osteopática y odontología no reportaron tales procedimientos.

En parte, recomendamos que las jurisdicciones de licencias y los desarrolladores de exámenes de licencias recopilen datos voluntarios de estado étnico/racial y el de sus candidatos. Nosotros aconsejamos que se debe realizar un estudio de los elementos de los exámenes basados en la diversidad humana / cultura para aprender con qué frecuencia se incluyen. Los desarrolladores de exámenes se animaron a incluir estas descripciones por las Normas Nacionales sobre Servicios Cultural y Lingüísticamente Apropiados (CLAS) como contenido en ética y otras secciones de exámenes apropiadas. Finalmente recomendamos que las jurisdicciones de concesión de licencias que utilizan pruebas orales, clínicas o prácticas de aptitudes capaciten a los examinadores en competencia cultural.

Este proyecto investigó específicamente un elemento dentro de la atención médica estadounidense. Pero los métodos que usamos también pueden traducirse a otras áreas. Análisis sistemáticos de normas y procedimientos, así como cómo se aplican en la vida real, pueden mejorar el éxito en el gobierno, los negocios y muchas otras áreas. Como se discute en el siguiente capítulo, la pandemia COVID-19 ha demostrado que las naciones son mejor servidas trabajando juntos en problemas mundiales. El uso de un enfoque organizado para aprender dónde existen barreras al progreso puede ayudarnos a deshacernos de los obstáculos que interfieren con tales esfuerzos.

Los proyectos expuestos anteriormente esperaban lograr cambios generalizados en los sistemas y métodos que sirven a diversas poblaciones. Pero, ¿cómo funciona la vida real en un entorno clínico? Hay momentos en los que tenemos que distinguir de lo que es la cultura, lo que es la personalidad básica y cómo interactúan todos juntos. La viñeta siguiente proporciona un ejemplo de caso.

¿Qué es Cultural y qué es "justo" psicológico?
Un ejemplo matizado (Dolores Rodríguez-Reimann)
Un ejemplo matizado para médicos como Joachim y yo que a menudo trabajamos con poblaciones inmigrantes, la cultura es la lente y el filtro a través del cual entendemos gran parte de las experiencias de nuestros pacientes. Sin embargo, hay momentos en los que la cultura es un factor importante, pero no de la manera más predominante. Esperamos que la siguiente historia ilustre este punto.

Morgan era una joven atractiva que creció en el área metropolitana del Distrito de Columbia de Washington (DC). Cuando vino a mí por primera vez, declaró que su principal objetivo de la terapia era buscar ayuda para, en sus palabras, "problemas culturales". Morgan creía que su propio trasfondo cultural personal era italiano e irlandés. Pero había habido "tantas generaciones en el medio" de ella y el período en que sus antepasados emigraron a los Estados Unidos. En consecuencia, Morgan se describió a sí misma como "básicamente estadounidense". Su padre, un capitán de la Fuerza Aérea había viajado a lo largo de su carrera, a menudo llevando a la familia con él. Según Morgan cuando tenía 13 años, ya había vivido en 14 países. Al parecer, su madre quedó embarazada en un país, pero luego dio a luz a Morgan en otro.

Los problemas culturales con los que Morgan al parecer estaba luchando tuvieron que ver con una situación de trabajo. Morgan había hecho una carrera en la industria financiera y dada su experiencia internacional era bastante cómoda viajando a varios países. Según Morgan, tuvo bastante éxito en su trabajo. Ella continuó describiendo que hace un par de años (a finales de 2017), a un amigo y mentor de toda la vida, junto con otros dos colegas, decidieron que reunirían sus talentos e iniciarían una nueva empresa que se dedicara a la consultoría internacional. Le preguntaron a Morgan si quería ser parte de la start-up. Morgan estaba muy emocionada y esperanzada de que una vez que la nueva compañía "despegara", ella y sus amigos tendrían nuevas e interesantes aventuras. A través de los viajes de Morgan, había hecho muchos amigos a nivel internacional. Una amiga, en particular, era Isabel, también en el sector financiero. Isabel era una señora de mediana edad que Morgan se había encariñado mucho. Isabel nació y creció en España y se consideró una mezcla cultural ella misma con una madre española mientras su padre había nacido y crecido en Alemania. Cuando Morgan e Isabel se conocieron casi 10 años antes, Isabel estaba casada y criaba dos hijos Alejandro y Adrián. Para cuando Morgan hizo su primera cita para verme, los dos hijos de Isabel ya eran adultos.

Morgan e Isabel se habían reunido en una conferencia y, desde el principio, sentían que tenían una conexión. Se convirtieron en amigas pronto y a menudo se consultaban entre sí con respecto al trabajo. Como amigas, también se apoyaron mutuamente a través de pruebas y experiencias personales. Isabel era una amiga constante, que la apoyó cuando la madre de Morgan sucumbió al cáncer hace apenas tres años. Tras el divorcio de Isabel en 2017 y sus dos hijos habían ido a la universidad Isabel consideró emigrar a los EE.UU. para comenzar un nuevo capítulo en su vida. Morgan sintió que era una gran idea, especialmente dada la especial experiencia y conocimiento de Isabel. Tal vez pensó que Isabel podría unirse a Morgan y sus colegas con su nueva empresa. Morgan compartió esta idea con sus colegas y amigos y pronto todos estuvieron de acuerdo en que Isabel tenía algo que aportar. Con sus muchas conexiones internacionales y fluidez en cuatro idiomas, Isabel podría ser rápidamente una activa parte importante para los objetivos y metas de la consultora. Isabel había estado en los Estados Unidos sólo una vez antes cuando visitó la ciudad de Nueva York durante un par de semanas. Pero no estaba familiarizada con el sur de California. Sin embargo, Morgan creía que Isabel podía hacer la transición y podía adaptarse. Morgan habló con Isabel y pronto se elaboraron planes para ayudar a Isabel a integrarse con el grupo de trabajo de Morgan y planificar la inmigración de Isabel a los Estados Unidos.

Ya cuando Morgan vino a verme para terapia, habían pasado seis meses desde que Isabel emigró a San Diego, California. El acuerdo original entre Morgan e Isabel era que Isabel se haría cargo de la planificación y el desarrollo de la División Europea de la compañía. Morgan y sus colegas ayudarían a apoyar a Isabel a través de su transición a los EE.UU. Con ese fin, y para no agotar los ahorros de Isabel innecesariamente, Isabel viviría en una casa de huéspedes en la casa de Morgan. Otra colega le prestaba a Isabel un coche para que pudiera conducir y aclimatarse a su nuevo entorno. Según el plan, Isabel estaba interesada en quedarse en Estados Unidos, pero quería visitar España una vez que se estableciera aquí. Esto encajaba perfectamente con los objetivos de la start-up también.

El inglés no había sido un problema para Isabel ya que, junto con el español, el alemán y el ruso, el inglés era uno de los cuatro idiomas que había dominado. Sin embargo, según Morgan poco después de la llegada de Isabel, los problemas comenzaron a surgir. A Isabel le resultaba difícil centrarse en proyectos fáciles que le entregaron y parecía distraída por problemas y situaciones con sus hijos adultos en España. Estos temas que parecían triviales para Morgan, como qué tipo de ropa preferían sus hijos, y con quién salían. Además, aunque el divorcio de Isabel había sido finalizado meses antes, parece haber un interés constante y continuo en las idas y venidas de su exmarido. Según Morgan, Isabel a menudo venía a la oficina a altas horas de la mañana molesta y lloraba por "todas las situaciones en casa". Y mientras Morgan y los demás en la oficina simpatizaban, pronto se hizo evidente que Isabel necesitaba una supervisión más estrecha para ayudarla a mantenerse "concentrada" en sus responsabilidades acordadas en el trabajo.

Además, como parte de su integración en el trabajo, Isabel comenzó a formar relaciones con individuos que estaban en la red de trabajo más grande de Morgan. Tan a menudo, Isabel pasaba tiempo con amigos, colegas y conocidos de Morgan. Sin embargo, pronto Morgan comenzó a escuchar a través de la "vid" que Isabel se había quejado de las actividades y tareas que se le asignaron. Empezaron a surgir rumores de que Isabel no estaba siendo apoyada y que era tratada injustamente. Las quejas fueron lo suficientemente sutiles como para no sonar del todo desagradecida. Sin embargo, generaron simpatía y preguntas de la gente que conocían a Morgan y sus colegas. Cuando Morgan y sus colegas comenzaron a escuchar estos comentarios, inicialmente lo atribuyeron al hecho de que Isabel era "nueva aquí", "lejos de casa" y "teniendo dificultades para adaptarse a su nuevo entorno." Pronto, sin embargo, la compasión y la simpatía comenzaron a pasar a preguntas sobre las verdaderas motivaciones de Isabel y el resentimiento directo hacia ella. Antes de que lo supieras, las falsedades y mentiras rotundas, las acusaciones hacia Isabel se convirtieron en constantes temas discutidos en "reuniones de equipo" entre Morgan y sus colegas. También se hizo evidente que Isabel encontraría todo tipo de razones y pretextos para no completar el trabajo que se le daba.

No falta decir que todo esto fue muy estresante para Morgan porque, en última instancia, se sintió responsable de presentar a Isabel al grupo. Morgan también sintió compasión hacia Isabel. Le pareció que Isabel la estaba pasando "mal" aclimatándose a su nueva vida a pesar de que Isabel había declarado en repetidas ocasiones que tenía exactamente lo que quería; llegando a los EE.UU. y trabajando para una empresa nueva e interesante.

¿Cuánto de esto es cultural Morgan me preguntaría en sesión, y cuánto de esto es otra cosa? Morgan a menudo decía "... a veces siento mucho por Isabel y sólo quiero ayudar. Y luego hay otras veces en las que me enojo mucho y digo basta ya que tú (Isabel) no necesitas trabajar con nosotros si eres tan infeliz". Morgan necesitaba ayuda para resolver sus propios sentimientos y quería encontrar la mejor manera de negociar su amistad con Isabel y proteger la integridad de su grupo de trabajo de una manera que "era justa para todos".

Después de un par de sesiones, Morgan comenzó a sentirse "menos estresada" en sus tratos con Isabel. Morgan se volvió más segura acerca de sus propios sentimientos, y practicamos cómo Morgan podía establecer límites más claros cada vez que se enfrentaba a la proyección de Isabel de sus propios problemas personales. Morgan también se animó a que Isabel hubiera conocido a alguien, un amigo. Isabel había desarrollado sus propias nuevas conexiones sociales y parecía optimista y más esperanzadora sobre su futuro. Sin embargo, tener un "nuevo novio" distraía aún más a Isabel de su trabajo. Ella a menudo salía de la oficina sin previo aviso y a veces no se presentaría a trabajar en absoluto. Luego, después de unas cinco semanas de reunirme con Morgan regularmente, sucedió algo que cambió por completo nuestro trabajo, y nuestros objetivos para la terapia cambiaron. Según Morgan, todo ocurrió durante un largo fin de semana de vacaciones. Isabel y su nuevo novio, Albert, decidieron mudarse juntos. Esta fue una medida a la que Morgan no se opuso honestamente, a pesar de que sentía que era "demasiado pronto" para que Isabel considerara esa opción. Por lo tanto, a punto de 3:00 AM en un lunes festivo, Morgan recibió una llamada de

Isabel pidiéndole a Morgan que la rescatara de la cár-
cel ya que había sido arrestada la noche anterior por un
cargo de asalto en una situación de violencia doméstica.
Al parecer, Isabel y Albert habían estado bebiendo
alcohol y estalló una discusión o pelea. Según la historia
Isabel agarró un cuchillo y amenazó con apuñalarse a
sí misma, así como a Albert. Aunque afortunadamente
nadie resultó gravemente herido, Isabel logró lanzarle
un vaso a Albert, golpeándolo en el costado de su cara.
Cuando los vecinos escucharon todo el ruido, llamaron
a la policía, y finalmente, fue Isabel quien fue arrestada.
No hace falta decir que Morgan estaba en shock, devas-
tada y realmente enojada porque fue "involucrada" en
una situación tan difícil y desordenada. Morgan tenía
claro que "finalmente terminó con Isabel" y "esa fue la
gota que derramó el vaso". Para Morgan, ahora era una
cuestión de cómo poner fin a la relación con Isabel de la
manera más amistosa mientras minimiza el riesgo para
ella, sus colegas y la empresa. Si bien no es ético desde
mi perspectiva profesional diagnosticar una persona a
la que personalmente no evaluó, me quedó claro que,
si iba a ayudar a Morgan a superar esta situación, parte
de mi trabajo era ayudarla a navegar y entender cómo
trabajar a través de contextos culturales, pero también
diferenciar entre ellos y lo que claramente parecía estar
motivado por los rasgos de personalidad de Isabel.

Le pregunté a Morgan si, en el transcurso de su
amistad, alguna vez había visto a Isabel participar en
comportamientos peligrosos o impulsivos que Morgan
sentía que de alguna manera estaba "fuera de los límites".
Morgan informó que sentía que Isabel tenía una larga

historia de relaciones difíciles donde amigos y parientes entraban y salían de la vida de Isabel, a menudo debido a los problemas más menores o a los desaires percibidos. Morgan también dijo que, a veces, Isabel era "un poco demasiado dramática" en su respuesta emocional a ciertos contratiempos. Pero para Morgan, "así es cómo era Isabel..." y en palabras de Morgan "... No juzgo a la gente por lo que son..."

Si bien es cierto que las diferentes culturas permiten diferencias en el rango de expresión emocional, (en una nota personal, a menudo me describo a mí misma como una latina altamente "apasionada"), hay rasgos de personalidad y estilos de afrontamiento que pueden llegar a ser difíciles sin importar de dónde vengas. Un estilo de personalidad que es problemático tiene el potencial de convertirse en un trastorno marcado por relaciones interpersonales difíciles y complicadas, y problemas con una baja imagen de sí mismo. En algunos casos, tales estilos de afrontamiento pueden convertirse en una enfermedad mental grave marcada por estados de ánimo inestables y comportamiento impulsivo. En salud mental, hay una serie de estilos disfuncionales de hacer frente a que una vez que se vuelven rígidos, pueden conducir a trastornos de personalidad en toda regla que afectan negativamente la salud mental general y el bienestar de la persona.

Según lo que Morgan estaba describiendo, Isabel tenía un estilo de afrontamiento en el que individuos como ella regularmente tienen problemas con las relaciones, la familia, la vida laboral, la planificación a largo plazo y la identidad propia. En casos extremos, las personas que exhiben intentos disfuncionales de afrontamiento pueden experimentar episodios intensos de ira, depresión y ansiedad. En casos extremos, esto puede conducir a autolesión o suicidio, así como abuso de drogas y alcohol. Como nunca conocí ni traté a Isabel, no tenía pruebas directas sobre su comportamiento, así que no podía diagnosticarla con un trastorno de personalidad o algo más. Sin embargo, tenía suficiente información para ayudar a Morgan a resolver lo que era cultural y lo que parecían ser claramente los problemas de personalidad de Isabel.

Al final, Isabel se mudó con Albert y decidió que trabajar con Morgan y sus colegas no era un "buen ajuste" para ella. Tanto Morgan como Isabel decidieron quedarse como amigas. Sin embargo, no había expectativas de que la relación entre Morgan e Isabel continuara como lo había hecho una vez.

Al analizar este ejemplo, me gustaría señalar algunas observaciones: Si bien la cultura es una lente importante a través de la cual conceptualizo la experiencia de las personas, sentí temprano que había mucho más que "cuestiones culturales" pasando por Morgan y su amiga Isabel. Mientras que las personas que emigran a menudo experimentan problemas de transición, los tipos de problemas que Isabel estaba teniendo no eran consistentes con la experiencia general de los inmigrantes. Por ejemplo, los inmigrantes, en su conjunto, suelen estar dispuestos a trabajar duro y no usar excusas para "hacer u parte en el trabajo." Los inmigrantes que provienen de culturas donde la identidad familiar es importante generalmente expresan actitudes que fomentan la continuación de esos lazos familiares.

Sin embargo, en el caso de Isabel, era lo contrario. Ella parecia estar creando problemas insertándose inapropiadamente en la vida de sus dos hijos adultos y con su ex marido. Un factor final en mi evaluación de las circunstancias, en este caso, fue que sentí que Morgan estaba fuertemente investida en el éxito de Isabel. Como tal, Morgan estaba dispuesta a mirarse a sí misma (incluyendo la búsqueda de la ayuda de una psicóloga clínica) para asegurarse de que estaba haciendo todo lo posible a fin para ayudar a su amiga. Sin embargo, para Isabel, parecía haber poca consideración o aprecio por los esfuerzos realizados por Morgan para ayudarla.

Dadas las guerras y la tortura de las que algunos otros grupos de inmigrantes han escapado, los problemas de Isabel y Morgan pueden parecer triviales. Pero sus problemas eran importantes para la gente de esta historia. Como hemos dicho a lo largo de este libro, los inmigrantes provienen de todas las circunstancias y orígenes. Además de describir un ejemplo en el que lo que cultural y lo que fue la disfunción de la personalidad, esta historia señala que todas las personas en diversas formas de angustia merecen nuestro respeto y todo grado posible de nuestra ayuda.

Preguntas a considerar

Cuando consideras tu propia experiencia, ¿hay algún caso en el que sientes que fuiste tratado de una manera respetuosa de quién eres y cómo te ves a ti mismo?

- ¿Hubo alguna situación en la que ese no fuera el caso?
- ¿Cómo lo afrontaste?
- Si pudieras volver y hacerlo de nuevo, ¿qué harías diferente?

Recomendaciones

Buscar tutorías con personas que han tenido experiencias similares, han superado dificultades y, por lo tanto, han "caminado por el mismo camino que tú".

Participar en ensayos clínicos/de investigación. Esto puede informarle sobre las necesidades específicas de salud de su propia comunidad. También puede permitirle contribuir a soluciones que aborden esas necesidades.

Desarrollar contactos para la educación futura / empleo / promoción.

Trabajar de voluntaria/o en organizaciones orientadas a los servicios de inmigrantes.

Si usted es su estudiante, busca pasantías que trabajen con poblaciones culturalmente distintas. Muchas universidades y colegios también han adoptado un enfoque llamado a través del compromiso cívico. Esto saca a los estudiantes e instructores del aula y los encarga de desarrollar y llevar a cabo una amplia variedad de proyectos comunitarios. Un proyecto de este tipo sin duda puede oportunidades para trabajar con inmigrantes de diversos orígenes.

Si usted es un pequeño negocio o start-up, considere la alianza con otras pequeñas empresas formadas por personas de diferentes culturas. A menudo, estas empresas conjuntas permiten a las empresas obtener contratos y clientes a los que un negocio por sí solo no podía llegar. Cuando varias empresas emergentes comparten un espacio conjunto o están cercanos, esto a menudo se denomina incubadora de pequeñas empresas.

Recursos

- Las Normas Nacionales completas para servicios cultural y lingüísticamente apropiados (CLAS) en salud

y atención médica se pueden encontrar en línea en:
https://thinkculturalhealth.hhs.gov/clas

- Un kit de herramientas de competencia cultural con sede
  en el Reino Unido se puede encontrar en:
  https://www.diversecymru.org.uk/wp-content/uploads/
  Cultural-Competency-Toolkit.pdf

9

GRUPO DE EVALUACIÓN Y REASENTAMIENTO DE INMIGRANTES (GIRA)

Como se describe en capítulos anteriores, nuestro trabajo como psicólogos a menudo implica evaluaciones forenses para casos de inmigración (por ejemplo, casos de dificultades extremas; solicitudes de asilo; casos de abuso conyugal, etc). En un campo diferente pero relacionado, y como hemos descrito también hemos llevado a cabo investigaciones psicológicas y de salud pública basadas en la universidad. Tanto la investigación como los servicios clínicos se han centrado en gran medida en poblaciones cultural y lingüísticamente distintas (particularmente los inmigrantes y refugiados latinos, de África Oriental y de Oriente Medio). Tales esfuerzos son gratificantes para nosotros en que pueden impactar positivamente a una variedad de personas.

En resumen, siempre estamos listos para un nuevo proyecto. Cada uno es una aventura. Para nosotros, las preguntas actuales son: ¿Cómo utilizamos nuestra experiencia de alguna manera constructiva adicional? ¿Podemos ayudar a crear enfoques sistemáticos que ayuden a los inmigrantes en sus esfuerzos por aclimatarse a un nuevo país? Si es así, ¿cómo lo hacemos? ¿Existe un enfoque metódico que las personas que trabajan con inmigrantes encontrarán útil?

Estas preguntas nos llevaron a formar el Grupo de Evaluación y Reasentamiento de Inmigrantes (GIRA) hace varios años. GIRA es una entidad multidisciplinar formada por psicólogos clínicos y sociales, investigadores, especialistas en desarrollo profesional, líderes de organizaciones comunitarias y otros que tienen experiencia relevante. La misión de nuestro grupo es crear, y luego utilizar, medidas psicométricas que agreguen información relevante a los procesos de inmigración que permitan opciones informadas al ayudar a los inmigrantes. En este contexto, nuestro interés está en enfoques profesionales, matizados y no políticos que contribuyan a soluciones en este tipo de circunstancias.

Como médicos o proveedores de servicios sociales, generalmente escuchamos las necesidades y circunstancias de nuestros clientes para elaborar un plan de asistencia (o tratamiento) individualizado. El esfuerzo de GIRA es esencialmente el mismo. Incluye el desarrollo de un instrumento, el Inventario de Reasentamiento Exitoso de Inmigrantes (SIRI), que evalúa las dimensiones primarias y utiliza esa información para identificar las necesidades y circunstancias únicas de una persona.

Específicamente, SIRI incluye información demográfica básica y luego aborda los factores de estrés aculturativos/psicosociales, la apertura a los procesos aculturativos y adaptativos, las tendencias psicológicas y conductuales (incluyendo rasgos de personalidad y resiliencia), estado de salud física y orientaciones laborales/profesionales. Tanto los inmigrantes como las personas que los ayudan pueden usar esta información para desarrollar un camino integral y personalizado hacia el éxito.

Creemos además que este tipo de medición puede tener usos que ayuden a los procedimientos legales utilizados en casos de inmigración. Por ejemplo, los solicitantes de asilo a menudo carecen de documentos que "demuestren" su historia que frecuentemente es difícil. Verificar los síntomas psicológicos que son consistentes con las alteraciones relacionadas con el trauma puede agregar credibilidad a los solicitantes legítimos de asilo.

En resumen, SIRI puede actuar como una herramienta de evaluación y planificación de servicios utilizada por una organización no gubernamental (ONG) organizaciones comunitarias (CBO), entidades gubernamentales, sistemas educativos y otros. Con resultados en la mano, las personas que trabajan en primera línea pueden ayudar a los inmigrantes mediante la identificación y el uso de los servicios adecuados. Este enfoque puede mejorar y permitir un proceso aculturativos más fácil para superar las barreras de aculturación y reasentamiento. Por ejemplo, un informe de la SIRI tiene el potencial de mejorar la calidad de vida y las contribuciones sociales positivas mediante el desarrollo de planes eficaces de empleabilidad/educación para los inmigrantes que necesitan este tipo de ayuda.

En un nivel más amplio, la información de SIRI puede informar a la póliza. Puede identificar qué tipos de servicios son más necesarios en áreas específicas y para personas específicas. Eso puede ayudarnos a poner dinero y otros recursos donde harán el mayor bien.

Al mismo tiempo, evaluar a los inmigrantes de múltiples maneras también puede plantear preguntas difíciles. ¿Qué pasa si hay personas con factores de riesgo criminales e incluso terroristas en el grupo? SIRI no es una medida que pueda indentificar un terrorista en una multitud. Pero, si se aplica correctamente, puede apuntar a formas en que los riesgos de radicalización, particularmente entre las personas que sienten que no tienen futuro, pueden reducirse.

Muchas personas, especialmente de Oriente Medio, norteafricana y otros países predominantemente musulmanes, dudan en hablar de radicalización y por buenas razones. Están preocupados por ser estereotipados porque eso les ha sucedido. Muchos de ellos mismos han sido víctimas de terroristas. Así que conocen los peligros involucrados de primera mano. Sin embargo, en su país adoptivo a menudo se les agrupan con las mismas personas de las que han huido. Eso tiene que ser muy desconcertante. Del mismo modo, hay demasiados comentarios públicos sobre personas de México y Centroamérica que llaman a las víctimas de criminales como "los" criminales.

Sin embargo, también puede haber algunas preocupaciones reales. Si bien un número muy pequeño de inmigrantes son criminales y/o terroristas, sólo tenemos que considerar la historia de los ataques en los EE.UU., el Reino Unido, España, Francia, Austria y muchos otros países para saber que algunos radicales pueden causar mucha muerte y destrucción. Dada esta realidad, necesitamos mejor entender cuáles son los hechos en torno a la radicalización. ¿Existe una relación sustancial entre los actos delictivos y la inmigración? ¿Quién está más tentado a unirse a grupos criminales/terroristas? ¿Hay cosas que podemos hacer para desviar a la gente de tales decisiones?

Actividad criminal entre los inmigrantes

Posiblemente, la cantidad de actividad delictiva entre las personas nacidas en el extranjero es menor que la de la población nativa en varios países. La información de la Oficina de Estadísticas de Justicia de los Estados Unidos muestra que los reclusos no ciudadanos en prisiones estatales y federales representan menos del 6% de la población carcelaria total. Alex Nowrasteh, director de estudios de inmigración del Instituto Cato, ha concluido que "las tasas de condena penal y detención de inmigrantes estaban muy por debajo de las de los estadounidenses nacidos en origen nativo". Un análisis general de 51 estudios estadounidenses publicados sobre el tema de 1994-2014 encontró que, en todo caso, la inmigración tiende a asociarse con tasas de criminalidad reducidas en lugar de aumentar.[112] Las razones de esta tendencia siguen siendo poco comprendidas. Pero hay evidencia sustancial de que ha sido consistentemente cierto en la historia reciente.[113]

La investigación sobre este tema en otros países del mundo ha mostrado resultados mixtos. Ninguna relación entre el estatus migratorio y el crimen se ha encontrado, por ejemplo, en Australia.[114] En Italia, los estudios encontraron que las personas nacidas en el extranjero tendían a cometer un poco más de robos de 1990 a 2003.[115] Sin embargo, la tasa global de criminalidad entre los residentes no nativos disminuyó en un 65% entre 2007 y 2016.[116] Del mismo modo, en el Reino Unido, un estudio señaló que la población penitenciaria local no estaba aumentando sustancialmente debido a incidentes de un delito grave cometido por personas extranjeras.[117] Por otro lado, la investigación en Alemania, Noruega, España y algunos otros países han reportado tasas de criminalidad más altas atribuidos a los inmigrantes, aunque en algunos casos estos aumentos fueron relativamente pequeños.[118,119,120] ¿Hay alguna manera de mejorar las cosas si las tasas de criminalidad son un problema? Algunos estudios realizados en la UE han constatado que la concesión de estatutos jurídicos a los indocumentados puede reducir la delincuencia.[121] Esto puede suceder porque la situación legal abre más oportunidades económicas y, en general, reduce los temores y las frustraciones para las personas.

Crímenes contra los inmigrantes

Al otro lado de este cuadro está la preocupación de que los inmigrantes son con demasiada frecuencia las víctimas en lugar de los autores del crimen. Las personas que huyen de la guerra y la persecución pueden ser muy vulnerables al abuso y la explotación. Por ejemplo, el 75% o más refugiados sirios son mujeres y niños en riesgo. Incluso si llegan a los campos de refugiados, muchos temen ser abusados por el personal y otros allí. Algunas refugiadas terminan siendo explotadas sexualmente bajo la premisa de que esta es la única manera en que pueden sobrevivir financieramente.[122]

Muy relacionado con esta situación está el tráfico sexual. La Unión Americana de Libertades Civiles (ACLU) informa que, en los Estados Unidos, casi todas las víctimas de la trata sexual son mujeres inmigrantes con una edad promedio de 20 años. Las mujeres con menos educación, capacidad limitada de hablar inglés y sin conocimiento de las protecciones legales de empleo de los Estados Unidos están particularmente en riesgo.[123]

Otras partes del mundo también denuncian la victimización de los inmigrantes. Un estudio en Sudáfrica, por ejemplo, encontró que el 85% de las personas nacidas en el extranjero que evaluaron habían sido víctimas de crímenes. Los crímenes más comunes fueron el allanamiento de viviendas y saqueos de empresas inmigrantes.[124]

Otros tipos de actividades delictivas que enfrentan los inmigrantes incluyen ser robados mientras migran y experimentan crímenes de odio. Sin embargo, nuestra investigación, así como otros estudios, muestran que las víctimas rara vez reportan este tipo de incidentes a las autoridades por temor a llamar la atención sobre sí mismas y ser víctimas aún más.

Radicalización y Terrorismo

El terrorismo está constantemente en las noticias. Si bien el número de personas involucradas es relativamente pequeño, todos sabemos que una persona que comete un acto violento puede crear estragos para muchos otros. Sin embargo, como se señaló anteriormente, también es cierto que, basado en su religión y vestimenta, algunos grupos de inmigrantes son demasiado a menudo estereotipados en todos los ámbitos como "terroristas".[65] La relación real entre inmigración y terrorismo no ha sido suficientemente investigada. Un estudio de 2016 encontró que los niveles más altos de migración estaban asociados con un nivel más bajo de terrorismo en el país anfitrión. Al mismo tiempo, los migrantes que provienen específicamente de estados propensos al terrorismo aumentan el riesgo de terrorismo en el país de acogida.[125] Algunos de estos últimos hallazgos pueden ni siquiera involucrar a personas nacidas en el extranjero. Cuando estábamos en una conferencia de 2019 en Londres, por ejemplo, escuchamos preocupaciones anecdóticas de que los combatientes de EIIL, que habían sido expulsados de su territorio en Siria, venían al Reino Unido. Pero estos no eran necesariamente "extranjeros". Algunos eran titulares de pasaportes del Reino Unido que regresaban "a casa".

El tema de la radicalización es muy complejo. En primer lugar, es importante señalar que la expresión de creencias "radicales" o "extremistas" no significa automáticamente que la persona o personas involucradas vayan a cometer violencia. De hecho, entre algunas naciones, incluyendo Estados Unidos, la expresión de ideas radicales, sin la amenaza o la defensa de la violencia, está protegida en la Constitución. En segundo lugar, se han cometido actos terroristas violentos en nombre de múltiples causas. Estos incluyen causas internas e internacionales.

El tiroteo masivo del 3 de agosto de 2019 en nuestra ciudad de El Paso, Texas, no fue perpetrado por inmigrantes, sino que fue provocado por el odio antimexicano. Además, el Buró Federal de Investigaciones de los Estados Unidos (FBI) calificó al creciente extremismo violento interno como la amenaza terrorista número uno en 2021.[126]

Para contrarrestar el radicalismo violento, necesitamos entender las motivaciones, actitudes, puntos de vista del mundo y procesos de pensamiento de los terroristas. "Entender" no excusa ni encuentra fundamentos para sus comportamientos. Más bien, la bien gastada cita de Sun Tzu: (parafraseando) conocerte a ti mismo, conocer a tu enemigo, y ganarás cien batallas sin perder puntos a la sabiduría de identificar lo que estamos enfrentando para encontrar contadores efectivos. Los científicos del comportamiento (por ejemplo, psicólogos) tienen mucho que aportar, pero han sido infrautilizados.[126]

¿Cuáles son algunos conceptos básicos para entender la radicalización? En primer lugar, es importante saber que los extremistas radicales no encajan en un solo perfil. Los que están en puestos de reclutamiento y liderazgo son, por ejemplo, poco probable que vayan a misiones suicidas ellos mismos a pesar de que tratan de atraer a otros que están dispuestos a hacerlo.[127] En segundo lugar, el terrorismo no está necesariamente relacionado con los trastornos mentales, aunque eso tiende a ser una presunción común.[128,129,130]

Pero hay algunos factores de riesgo conocidos. Aquellos que son susceptibles a ser reclutados por grupos terroristas a menudo carecen de confianza en sí mismos y se sienten rechazados por la sociedad en general. Creen que no tienen la oportunidad hacia un buen futuro. Luego viene un reclutador que les promete pertenencia, un tipo de familia y hermandad, y un papel central en la creación de un mundo grande y nuevo.

Incluso si mueren, se les promete 1) recompensas en el más allá y 2) que serán recordados como un mártir. Finalmente, algunos grupos radicales prometen cuidar de los miembros de la familia después de la muerte de un "mártir".[128] Esta "propaganda" puede ser profundamente atractiva para alguien que siente que no pertenece a ningún lugar y no tiene futuro.

¿Qué se puede hacer para contrarrestar este tipo de riesgo de radicalización? Una de las vistas más interesantes que hemos escuchado es desde el Centro Soufan. En lugar de una organización de servicio social, este grupo está formado en gran medida por profesionales de la aplicación de la ley y de inteligencia que han trabajado en agencias nacionales e internacionales.

Los Centros Soufan 2017 publicación "Siria; El Nexo de Seguridad Humanitaria"[131] sostiene que, en el caso de los refugiados, las preocupaciones humanitarias y de seguridad no pueden abordarse por separado. Más bien, son dos caras de la misma moneda. Las personas que tienen esperanza de aceptación, oportunidades y un futuro positivo son mucho más capaces de resistir las falsas promesas hechas por los grupos radicales.[131] Esto no sólo puede ayudar a los propios inmigrantes, sino que puede tener efectos de ondulación positivos para sus hijos y los hijos de sus hijos.

Proporcionar vías multifacéticas, organizadas, integradas y coordinadas para los inmigrantes puede proporcionarles una escala para obtener el éxito. El apoyo y la orientación es una acción constructiva más que punitiva. Pero requiere que tengamos una buena evaluación inicial de la necesidades y circunstancias. GIRA busca fomentar dicha evaluación

Preguntas

Si usted fuera víctima de un crimen ¿se sentiría cómodo notificando a la policía u otras autoridades?

- Si no, ¿qué acciones de aplicación de la ley le darían más confianza en reportar que un crimen tendría un buen resultado a usted?
- ¿Siente que usted ha sido sometido a prejuicios y odio?
- ¿Qué te permite perseverar, incluso si has tenido experiencias negativas?

Recursos

Para obtener más información sobre la lucha contra el extremismo violento, consulte una revisión del tema en: https://www.mei.edu/publications/deradicalization-programs-and-counterterrorism-perspective-challenges-and-benefits.

10

LA PANDEMIA COVID-19

Al escribir este libro en nuestra casa de California, hemos sido encerrados dos veces hasta hoy. Nuestro gobernador informa que, dadas las tasas actuales de infección, enfermedad y mortalidad de COVID-19, para el bienestar público y mejores intereses saludables es mejor reducir nuestras actividades. Los Estados Unidos ha tenido encierros, hospitales superbarrotados y más muertes per cápita que la mayoría de los países del mundo. COVID-19 está mutando, y cuando esta pandemia específica disminuirá aún no está claro.

Dado que ambos fuimos investigadores en la Escuela de Posgrado de Salud Pública de la Universidad Estatal de San Diego durante un total de 22 años (1997-2008) tomamos muy en serio los datos de la pandemia y la orientación de expertos y científicos de enfermedades infecciosas. Sólo nos hemos aventurado a salir fuera de casa cuando hemos tenido que hacerlo. En este capítulo destacaremos aún más algunos puntos delineados en las partes anteriores de este libro y hablaremos de cómo estas cuestiones se han resuelto hasta ahora utilizando COVID-19 como ejemplo.

El coronavirus (SARS-CoV-2) que ha causado la pandemia COVID-19 de 2019, 2020, 2021, y posiblemente más allá, ha tenido un profundo impacto en nuestro mundo. Es un evento sin precedentes en nuestra vida. Sin embargo, sabemos históricamente que las pandemias no son nuevas en la experiencia humana. Alrededor de 5 millones de personas murieron de lo que probablemente fue viruela en el Imperio Romano entre 165 y 168 d. C. Marco Aurelio, emperador en ese momento, lo llamó la "Plaga de Galeno". Se cree que la enfermedad fue traída a Roma por tropas que lucharon en Asia occidental. En otras palabras, al igual que las enfermedades infecciosas hoy en día, se propaga a través de amplias regiones a través del contacto humano. La peste bubónica que mató a unos 25 millones de personas entre 1347 y 1352. Más recientemente, brotes de gripe como la gripe española han causado alrededor de 50 millones de muertes en 1919. Ciertamente han habido otras pandemias entre principios de 1900 y COVID-19. Entre ellos figuran el SRAS, la gripe porcina, el ébola, el MERS y el SIDA. Pero, en una época en la que tendemos a suponer que la medicina moderna protegerá nuestra salud, ninguno ha tenido un impacto universal que coincida con COVID-19. Aparte de las consecuencias físicas directas de la enfermedad, hemos experimentado una miríada de perturbaciones económicas y sociales en nuestra vida diaria. No es de extrañar que esto haya causado mucha angustia.

Los investigadores que utilizan datos de los Estados Unidos, por ejemplo, encontraron que en abril y mayo de 2020, los adultos tenían tres veces más probabilidades de reportar ansiedad, depresión o ambos que en la primera mitad de 2020.[132] Además, un estudio de Rand Corporación de 2020 encontró un reciente aumento del 54% en las ventas nacionales de alcohol en Estados Unidos, en comparación con las cifras pre-COVID. Se han notificado patrones similares en todo el Mundo. Al mismo tiempo, un informe de la Organización Mundial de la Salud (OMS) de 2020 concluyó que la pandemia ha perturbado sustancialmente los servicios de salud mental, en particular en los países que

carecen de la infraestructura para utilizar plenamente la tele-
medicina como alternativa a la ayuda en persona.[134]

Una pandemia se define como una enfermedad que se ha
diseminado a través de varios países y, en ese proceso, ha afectado a un gran número de personas. Dado que el virus no con-
oce fronteras internacionales, son consideraciones importantes.
Esto incluye las vulnerabilidades de salud y salud mental que
enfrentan los inmigrantes. Al mismo tiempo, no se pueden
pasar por alto las contribuciones positivas que los inmigrantes
hacen a nuestra sociedad durante una crisis de salud.

En este capítulo analizamos tanto las contribuciones que los
inmigrantes han hecho a sus nuevas sociedades como los riesgos
a los que se enfrentan al hacerlo, durante un período en el que
los seres humanos están experimentando una escasez mundial
de trabajadores sanitarios. Proporcionaremos recomendaciones
para soluciones estratégicas para los resultados de las pandemias a nivel internacional en el futuro. Esto es seguido por
algunos ejemplos del mundo real que muestran la interacción
de COVID-19 y factores culturales/aculturativos en la práctica
clínica. Finalmente presentamos algunas preguntas que usted, el
lector, puede hacerse.

Poblaciones de Inmigrantes: Impacto y Vulnerabilidades

Aquellos que rastrean las estadísticas de varias poblaciones, nos
dicen que los trabajadores migrantes tienden a estar en primera línea en la respuesta pandémica COVID-19. Según la hoja
informativa de marzo de 2020 del Migration Policy Institute
(MPI), un think tank no partidista establecido en 2001, 6 millones de trabajadores inmigrantes están ayudando a mantener a
los residentes estadounidenses sanos y alimentados durante este
tiempo.[135]

Específicamente, el IPM informa que los inmigrantes hacen contribuciones sustanciales, tanto a la atención médica directamente como a otros servicios esenciales. Algunas cifras específicas son las siguientes: Las personas identificadas como nacidas en el extranjero representan un porcentaje notable de ocupaciones que responden directamente a la pandemia. Esto incluye el 29% de todos los médicos y el 38% de los asistentes de salud en el hogar. Los inmigrantes también representan un número significativo de trabajadores que limpian habitaciones de hospital, el personal de supermercados y cosechas.

En abril de 2020 MPI también escribió que 2.1 millones de inmigrantes en los Estados Unidos trabajan en trabajos de producción de alimentos. Estos trabajos incluyen el cultivo, la cosecha, el procesamiento y la venta de alimentos. Los individuos nacidos en el extranjero tienen un papel esencial en la alimentación de los Estados Unidos. Entre 2014 y 2018 representaron el 22% de los trabajadores de la cadena de suministro de alimentos de Estados Unidos, lo que implica el cultivo, la cosecha, el procesamiento, el transporte y la venta de alimentos a familias estadounidenses.[136]

De campo a mesa, los inmigrantes representan el 30% de todos los trabajadores agrícolas, el 27% de los trabajadores en la producción de alimentos, el 17% de los trabajadores del transporte, el 23% de los mayoristas de comestibles y productos agrícolas, el 37% de la industria de procesamiento de carne, El 34% de los trabajadores de panaderías comerciales, el 31% de los trabajadores de la industria de conservación de frutas y hortalizas y el 26% de los trabajadores de las industrias de procesamiento de mariscos. En los Estados Unidos, se estima que 483.000 personas nacidas en el extranjero también trabajan en tiendas de comestibles. Esto representa el 16% de los casi 3 millones de trabajadores minoristas de comestibles. La pandemia actual nos enseña así que muchas personas que consideramos que tienen habilidades son los trabajadores clave que ayudan a mantenerla atravesando una crisis.[136]

Por razones obvias, la disponibilidad de los trabajadores sanitarios es también una consideración esencial durante la pandemia COVID-19. Dado que el virus tiene un impacto internacional, tenemos que abordar cómo se ve esta disponibilidad a gran escala.

Una fuente de información es la Organización para la Corporación Económica y el Desarrollo (OCDE), un órgano económico intergubernamental. La OCDE observa que uno de cada seis médicos de sus 37 países miembros ha estudiado en el extranjero. Esta tendencia está creciendo. En la última década, el número de médicos y enfermeras nacidos en el extranjero aumentó en un 20%. Utilizando ejemplos específicos, es notable que los inmigrantes representan el 12% de la Fuerza de Salud del Reino Unido y comprenden el 17% de estos profesionales en los Estados Unidos. Un periódico del 2 de diciembre de 2019 concluyó que el Reino Unido (Reino Unido) tiene uno de los mayores números de médicos y enfermeras nacidos en el extranjero. Entre otros países de la UE, los médicos nacidos en el extranjero representaron más del 20% de todos los médicos de Suecia, Dinamarca y Alemania.[137] Las enfermeras nacidas en el extranjero representan más del 15% de la fuerza laboral total de enfermería en Austria, Letonia y Alemania.[137]

Estos profesionales inmigrantes están empleados desproporcionadamente en ocupaciones de primera línea de respuesta pandémica. En resumen, es más probable que los migrantes estén en la primera línea de la respuesta COVID-19 que cualquier otro trabajador de la salud.[138]

En resumen, un número significativo de personas nacidas en el extranjero trabajan en la producción/servicio de alimentos y en los trabajos sanitarios. Hacen una contribución importante a nuestro bienestar. Sin embargo, dada la naturaleza de sus puestos de trabajo, estos trabajadores corren un riesgo particular de contraer COVID-19. Con demasiada frecuencia sacrifican su salud e incluso sus vidas en el servicio a los demás. Por ejemplo, según The Guardian y Kaiser Health News, el 30,5% de las muertes por coronavirus entre los 1.077 trabajadores sanitarios que habían muerto en ese momento (septiembre de 2020) nacieron fuera de los Estados Unidos.[139]

El Problema Preexistente

Incluso antes de que surgió el COVID-19, las estadísticas mostraron que no hay suficientes trabajadores sanitarios disponibles. La Organización Mundial de la Salud (OMS), por ejemplo, estima que la escasez mundial de esos trabajadores implica a 4.3 millones de médicos, enfermeras y otros profesionales de la salud. Esta escasez es a menudo más evidente en los países en desarrollo, ya que tienen un número limitado de instituciones educativas que pueden capacitar y educar a los profesionales necesarios. Las zonas rurales pueden ser particularmente afectadas, dadas sus ubicaciones remotas.

El mundo desarrollado tampoco es inmune a tales problemas. Se estima que en el Reino Unido se han estimado 44.000 vacantes de enfermería. Si las tendencias actuales continúan, esta cifra bien puede alcanzar los cien mil (100.000) en la próxima década. El Estudio Mundial sobre la Carga de Enfermedades de 2017 estimó además que los Estados Unidos necesitarían 1 millón más de enfermeras para 2021. En cuanto a los médicos estadounidenses, el déficit proyectado se ha estimado entre

46.900 y 121.900 para 2032.[140] En parte, esto se debe a las crecientes necesidades médicas de un envejecimiento de la población. Los médicos y la escasez de enfermería pueden tener un efecto negativo sustancial en la calidad de la atención. Pueden acortar el tiempo que un proveedor tiene para interactuar con los pacientes, el exceso de trabajo y por lo tanto estresar a los profesionales disponibles, aumentar los tiempos de espera del servicio, reducir el número de camas de hospital disponibles y aumentar los costos de atención médica.[141] No es de extrañar que el resultado sea clínicamente peor y menos oportuno para los pacientes.

Durante la pandemia COVID-19, es probable que la escasez de trabajadores sanitarios sea aún más apremiante. La necesidad de servicios aumenta drásticamente y los propios trabajadores de la salud se están infectando. Cifras recientes han, por ejemplo, demostrado que médicos y enfermeros representan el 15% de las infecciones en Wuhan, China, el 14% en España y el 10% en Italia. Según un artículo de Amnistía Internacional del 3 de septiembre de 2020, al menos 7.000 trabajadores sanitarios habían muerto en todo el mundo después de contraer COVID-19 en ese momento. De estos 1.320 eran de México, 1.077 estaban en Estados Unidos, 634 estaban en Brasil, 240 en Sudáfrica y 573 en la India.[139] Estos son los mejores números disponibles mientras estamos escribiendo este libro. Seguramente seguirán aumentando hasta que la pandemia disminuya.

Como lo demuestran estas cifras, los trabajadores sanitarios inmigrantes tienen funciones esenciales para proporcionar cuidados críticos junto con sus colegas nativos, especialmente durante una pandemia. Los médicos nacidos en el extranjero desempeñan un papel particularmente importante en la prestación de atención de la salud a las comunidades rurales y desfavorecidas. También tienden a servir a más ancianos y discapacitados en residencias de ancianos y otros centros de atención a largo plazo. En los Estados Unidos en 2020, los proveedores de atención médica incluyen unas 29.000 personas que cayeron bajo la política de Acción Diferida para los Llegados en la Infancia (DACA). No está claro cómo afectará la política de inmigración de Estados Unidos a estos trabajadores. Pero es cierto que, en la actualidad, desempeñan un papel cada vez más crítico en la infraestructura sanitaria de los Estados Unidos.[140]

Dadas todas las circunstancias descritas anteriormente, COVID-19 debe ser una llamada de atención. La historia nos enseña que no es la última pandemia que la humanidad encontrará. Incluso en la pandemia actual es probable que brotes adicionales en varias partes del mundo ocurrirá. ¿Podemos aprender a estar más preparados? ¿Qué lecciones podemos aplicar? ¿Qué papel desempeñan los inmigrantes en el desarrollo de estos planes

Algunas cosas a tener en cuenta

Todas las pruebas sugieren que las pandemias serán cada vez más comunes en el futuro. Esto es probablemente debido al aumento de los viajes globales y la integración, la urbanización, los cambios en el uso de la tierra y un mayor uso del medio natural. Dado nuestro envejecimiento de la población, más personas tienen condiciones médicas subyacentes por lo que serán más vulnerables a síntomas graves e incluso potencialmente mortales.

Sin intervención, el envejecimiento y el crecimiento de la población satisfarán una escasez de trabajadores sanitarios aún mayor de lo que son en la actualidad. Concretamente, la Organización Mundial de la Salud ha estimado que para 2030 el mundo necesitará 15 millones adicionales de esos trabajadores. Los inmigrantes pueden ayudar a hacer frente a estas carencias. ¿Hay soluciones? Como el filósofo, se presume que Platón dijo en la antigua Grecia: "La necesidad es la madre de la invención". COVID-19 nos ha demostrado que se pueden superar las barreras tradicionales que limitan a los trabajadores sanitarios nacidos en el extranjero de ejercer su profesión en un nuevo país. Impulsada por la emergencia COVID-19, muchas jurisdicciones se han suavizado las restricciones a los trabajadores sanitarios formados en el extranjero y nacidos en el extranjero en los países de ingresos altos para hacer frente mejor a esta crisis. Hay informes de que los trabajadores de la salud incluso han sido llevados a países más afectados desde el extranjero (por ejemplo, médicos chinos, cubanos y albaneses fueron enviados a Italia). Los médicos refugiados sin licencias locales han sido llamados en Alemania y han tenido su inmigración procesada rápidamente en el Reino Unido. En los Estados Unidos, la ciudad de Nueva York permitió médicos extranjeros capacitados para trabajar. Ciertamente hay prioridad a largo plazo para aceptar a los trabajadores sanitarios internacionales cuando se enfrentan a la escasez local. Por ejemplo, un número considerable de enfermeras filipinas han migrado a los EE.UU., en gran medida en la década de 1960 bajo lo que entonces se llamó el Programa de Visitantes de Exchange.

Estas son algunas recomendaciones básicas para el futuro:

Recomendaciones

Si consideramos los hechos en lugar de la política, tenemos que reconocer que la pandemia COVID-19 capturó al mundo de sorpresa. No estábamos preparados para prevenir, minimizar o tratar eficazmente la enfermedad. Para evitar enfermedades futuras e incluso la muerte a una escala tan grande, debemos poner en marcha sistemas bien desarrollados y eficaces. Como mínimo, estos 1) incluyen métodos de alerta temprana que nos alertan de los brotes tan pronto como ocurran, 2) rastrear las vías locales e internacionales de la enfermedad, 3) movilizar formas de limitar la propagación, 4) mantener al público plenamente informado de los detalles conocidos en torno a la enfermedad y cómo las personas pueden protegerse a sí mismas, 5) tienen un sistema que canaliza los tratamientos y los recursos sanitarios (tanto proveedores como materiales) a donde más se necesitan, y 6) activar la investigación que identifica el patógeno incluyendo modos de la transmisión para desarrollar medidas preventivas eficaces (por ejemplo, vacunas) y tratamientos de manera oportuna pero segura.

Algunos, si no todo esto, requieren coordinación mundial. Las experiencias internacionales que los inmigrantes traen a la mesa pueden ayudarnos a tomar buenas decisiones. También pueden facilitar buenos resultados de tratamiento.

Además de reducir la escasez básica de proveedores, médicos, enfermeras y otros especialistas en salud capacitados en el extranjero, y los científicos pueden, por ejemplo, tener conocimiento sobre las circunstancias nacionales y culturales en torno a la salud en su país de origen. Esto puede incluir información sobre la confianza o la desconfianza de las vacunas. Las personas de diferentes naciones no necesariamente han experimentado condiciones como las que conducen a la desconfianza de la investigación de la salud entre las comunidades de color en los Estados Unidos. Conocimiento sobre diferentes experiencias con las vacunas en varios países es necesario para dar forma a los esfuerzos de divulgación centrados

Todo esto nos obligará a repensar nuestras leyes y políticas existentes. En los Estados Unidos, por ejemplo, los recientes cambios en las políticas en torno a las visas (por ejemplo, el H-1B), han hecho que sea más difícil para los profesionales médicos y expertos científicos entrar en el país.[142] En lugar de imponer barreras, los encargados de formular políticas tendrán que construir sistemas que allanes el rápido movimiento de los trabajadores de la salud. Esto permitiría a los países en remisión enviar trabajadores sanitarios donde más se necesitan en un momento dado. Incluso en algunos países, varias jurisdicciones tienen diversos requisitos y procedimientos de concesión de licencias sanitarias. En los Estados Unidos, por ejemplo, los proveedores tienden a ser licenciados por estados individuales en lugar de a nivel nacional. Sospechamos mucho que este sistema está impulsado por la política regional en lugar de un verdadero control de calidad. Como se ha señalado anteriormente, algunos de estos problemas se suspendieron temporalmente durante la emergencia COVID-19. Suponiendo que no hubo consecuencias negativas, deben considerarse requisitos más estandarizados (y razonables).

Un concepto interesante es aumentar la disponibilidad mundial de profesionales de la salud a través de acuerdos bilaterales de formación entre naciones. Esto permitiría a las universidades capacitar en las necesidades y circunstancias específicas de más de un país. Uno de esos modelos es la Asociación Global de Habilidades.[142] Permite las distribuciones de una fuerza de trabajo a donde más se necesita. Los países se unen para proporcionar tecnología y financiación integradas. En diciembre de 2018, 163 estados adoptaron el Pacto Mundial para la Migración. Las Asociaciones Globales de Habilidades son la única idea de política específica incluida en este acuerdo. En general, la association implica 6 dimensiones primarias. Estos son:

1. Aborda las presiones migratorias futuras (por ejemplo, la integración de profesionales extranjeros en los países anfitriones y el impacto fiscal involucrado). A continuación, los planes pueden identificar formas de reducir cualquier fuga resultante de personal cualificado en los países de origen.

2. Se trata de empleadores en los países de acogida y de origen que identifican y se capacitan para habilidades específicas. Esto mejora la curva de aprendizaje general de los trabajadores sanitarios y, por lo tanto, acelera su acceso a las poblaciones más necesitadas.

3. Puede formar asociaciones público-privadas para capacitar eficazmente a las personas para ocupaciones semicualificadas que no requieren títulos universitarios.

4. Puede crear o mejorar categorías de habilidades de trabajo antes de que las personas migran.

5. Puede integrar la formación de los migrantes con la formación de los no migrantes en el país de origen. Si bien ese proceso responde a diferentes necesidades, también puede fomentar un aprendizaje más amplio entre ambos grupos.

6. Puede mejorar la flexibilidad para que, idealmente, las habilidades se adapten a las necesidades específicas del hogar y del país de acogida

Desarrollar una respuesta coordinada a una emergencia no es nuevo. En California, varios departamentos de bomberos, por ejemplo, se apoyan mutuamente a medida que surgen grandes incendios forestales. Las pandemias requieren el mismo enfoque, sólo a mayor escala.

Práctica Clínica Durante COVID-19

Como dijimos al principio de este capítulo, COVID-19 ha afectado tanto a nuestra salud física como a nuestra salud mental. Compartamos un par de ejemplos de la vida real que muestran cómo ha sido el trabajo clínico con las poblaciones inmigrantes durante la pandemia. No es de extrañar que hayamos tenido que adaptar nuestras prácticas manteniendo la calidad, la continuidad y la competencia cultural mientras trabajamos con las personas durante este tiempo crítico.

Los siguientes ejemplos están adaptados del trabajo de Dolores Rodríguez-Reimann.

En un momento dado en el tiempo, aproximadamente 45 a 70 por ciento de mi práctica clínica está compuesta por pacientes inmigrantes. A menudo, bastantes viven y trabajan en ambos lados de la frontera entre Estados Unidos y México. Muchos nacieron en Tijuana, México, y han vivido en el lado mexicano y/o estadounidense de la frontera todas sus vidas. Otros son ciudadanos estadounidenses nativos que, en la jubilación, viven en México debido a viviendas más baratas y el costo general de vivir allí. Esto no es sorprendente ya que San Diego y Tijuana tienen una economía bulliciosa y entrelazada. El principal puerto de entrada que conecta ambos países es el cuarto paso fronterizo terrestre más transitado del mundo. En circunstancias habituales, aproximadamente 70.000 vehículos en dirección norte y 20.000 peatones en dirección norte cruzan la frontera cada día.

Operar una práctica en este entorno trae desafíos y recompensas. Anteriormente en este libro, usted leyó cómo las tradiciones culturales, incluidas las prácticas de salud, a menudo ofrecen a las comunidades inmigrantes, (por ejemplo, comer "nopales" un alimento común en la cultura latina). Sin embargo, a veces las tradiciones culturales pueden chocar con nuevas realidades. Esto puede dejar a las personas y a sus familias en conflicto y angustia. El siguiente ejemplo ilustra este punto:

Tradiciones
por Dolores Rodríguez-Reimann

El 22 de abril de 2020, la noticia fue particularmente sombría. Más temprano en el día, como parte de nuestro nuevo ritual matutino, mi familia y yo buscamos la información más reciente sobre "el virus". Si bien las tendencias nacionales estaban mejorando en algunos lugares, otras zonas estaban experimentando un aumento en el número de personas que se infectaban, enferman y morían. Todo esto ocurrió en un creciente telón de fondo de protestas en las que la gente clamó para "abrir el estado/país".

Esa mañana, los Servicios de Salud Humanos del Condado de San Diego acababan de anunciar 15 nuevas muertes por el Coronavirus. Los titulares de noticias decían "el total más alto de un día hasta la fecha". El nuevo caso total del condado fue de 2,434, lo que incluyó 87 muertes. Mi familia y yo también nos alarmamos al saber que, según los últimos datos, los casos de Coronavirus habían seguido aumentando más rápido entre los residentes de South Bay que en otras áreas. Los casos en el área de San Ysidro crecieron un 111% entre el 14 de abril y el 20 de abril, aumentando de 32 casos a 59. En comparación, el número de casos de Coronavirus en toda el área del condado de San Diego se duplicaba cada 24 días. La región de Otay Mesa tenía 132 casos, el mayor número de cualquier código postal en el Condado. National City y Chula Vista, donde vivimos/

trabajamos, tuvieron el mayor porcentaje de casos en relación con sus poblaciones. Más tarde ese día, el titular de las noticias y mis preocupaciones por la salud y la seguridad entraron en mi trabajo, específicamente mi sesión con Juan de una manera muy real. Juan había sido mi paciente durante un tiempo, y habíamos trabajado a través de una serie de problemas. Él y su familia habían emigrado de El Salvador hace años y estaba muy entusiasmado con vivir en los Estados Unidos. Juan tenía sólo once años de edad cuando los trágicos acontecimientos del 11 de septiembre de 2001 tuvieron lugar en la ciudad de Nueva York. Esto tuvo un impacto personal significativo en él, y decidió contribuir a la seguridad de Estados Unidos. Como me decía a menudo, "sabía entonces que necesitaba hacer algo para proteger a Estados Unidos del mal", en este caso el terrorismo. Así que, cuando Juan se graduó de la escuela secundaria, rápidamente se alistó para unirse a los marines para "hacer mi parte". Como marine después del 11 de septiembre, 2001, Juan vio su parte de dolor, devastación y muerte. Nuestro trabajo en conjunto incluyó el tratamiento del Trastorno de Estrés Postraumático (TEPT) que había sido el resultado de esas experiencias. Juan y yo también trabajamos a través de problemas de familia de origen y relación que conforman nuestro contrato terapéutico. En resumen, Juan es un joven concienzudo que trata de hacer lo correcto, incluso cuando se vuelve difícil.

Pero algo fue diferente durante nuestra sesión del 22 de abril de 2020. Tan pronto como nos saludamos a través de videoconferencia (la mejor manera de proporcionar continuidad de la atención a mis pacientes durante el encierro) supe que algo estaba mal con el. Parecía visiblemente molesto y desaliñado. Después de nuestros placeres iniciales de saludos, le pregunté qué le angustiaba tanto. Explicó que estaba muy preocupado, ansioso y sintiéndose desesperanzado. Agregó que no había podido dormir en un par de días y que no tenía apetito. Con su capacidad para trabajar desde casa, previamente se había adaptado a las demandas de Coronavirus para el distanciamiento social bastante bien. Sin embargo, ese día planteó diferentes desafíos. Me dijo que como la mayoría de la gente había estado monitoreando las noticias para la última información de salud pública sobre la propagación del virus. También le preocupaba que el área en la que vivimos viera el mayor número de casos de infección, enfermedad y muerte.

Juan, soltero, vive solo, pero mantiene una relación muy estrecha con su familia de origen. Su madre, ama de casa toda su vida, tiene setenta años, está en riesgo particular de infectarse debido a problemas con la diabetes, EPOC. Su padre, ahora retirado del Servicio Postal de los Estados Unidos, todavía hacia "trabajitos" de mantenimiento. Las dos hermanas menores de Juan trabajaban para grandes almacenes locales. La angustia de Juan se debía porque ese día discutió con su padre. El padre de Juan comprendió la gravedad de la enfermedad del coronavirus. Sin embargo, según Juan, el padre se negó a aceptar que necesitaba "cambiar su rutina". Juan estaba particularmente angustiado porque su padre aún no había renunciado a aparecer para completar los "trabajitos" que había prometido a algunos de sus "regulares". Tal vez aún más angustioso para Juan fue el hecho de que

su padre se negó a detener sus viajes diarios a la "pana-
deria" por su "pan dulce" fresco requerido para "la hora
del Cafecito". La idea del padre a la panadería local para
el pan dulce era "necesario" para su descanso de café por
la tarde, una larga tradición latina. "Meter el pan dulce
en el café es un hábito salvadoreño que muchos disfrutan." Juan dijo con lágrimas en los ojos. "Sabes, doctora,
mi papá lo entiende. Está tratando de hacer lo correcto
para mantenerse sano y salvo", dijo Juan, "pero hay algunas cosas que él siente que debe hacer, y si no puede
hacer esas cosas, entonces lo cuestiona todo. Entonces,
¿cuál es el punto?" Y sí, lo entiendo", continuó Juan,
"pero entonces qué pasa con mi mamá y mis hermanas,
entonces me enfado mucho porque mi padre está siendo
egoísta. ¿Son sus tradiciones culturales tan sagradas que
pone en riesgo la salud de mi madre?"

En ese momento, según me informo, se produjo
un argumento. Juan sentía que su padre estaba siendo
demasiado "terco" y obstinado y que no consideraría
ningún otro punto de vista.

Juan se quedó con el dilema a menudo enfrentado
por una experiencia bicultural y diferencias generacionales. Quería respetar (mostrar "respeto") a su padre y el
valor de sus tradiciones.

Dos países

Alejandra, sus dos hermanas menores, y su madre
habían emigrado a San Diego de Tijuana, México en
2000. Alejandra era enfermera por entrenamiento y
hermana mayor de Carolina. En 2019, cuando Carolina
fue diagnosticada con cáncer de mama, Alejandra se

convirtió en su principal cuidadora en casa. Como enfermera oncológica en UCSD (University of California San Diego Cáncer Center) estaba bien calificada para proporcionar esa ayuda. Después de los tratamientos, Carolina venció al cáncer. Pero, en el proceso, perdió su trabajo. Como resultado, tanto Carolina como su anciana madre tuvieron que mudarse de San Diego a Tijuana, México, donde el costo de vida era significativamente más barato. Mientras que los miembros de la familia ahora vivían en diferentes países, permanecieron cerca y a menudo se visitaban de un lado a otro al igual que muchas familias a lo largo de la frontera entre Estados Unidos y México. Luego, a principios de la primavera de 2020, COVID-19 alteró todo. Para Alejandra y su familia, fue particularmente angustioso. Alejandra, una trabajadora esencial, continuó haciendo sus rondas hospitalarias en la UCSD. Su madre y su hermana hicieron lo mejor que pudieron mientras estaban en Tijuana. Los cruces fronterizos se limitaron a los viajes esenciales tanto por parte de los gobiernos de Estados Unidos como de México. Alejandra, trabajando largas horas en el hospital, no tenía la energía y sentía que era arriesgado en el mejor de los casos visitar a su madre y a su hermana por temor a exponerlas al virus. Sin embargo, Carolina y la madre tuvieron sus propios desafíos mientras vivían en Tijuana. Después de un comienzo lento, el gobierno local de Tijuana siguió el ejemplo de San Diego en hacer que la gente trabajara a distancia e instituyendo medidas de distanciamiento social para contener la propagación del virus entre la población.

Recientemente, la ansiedad y los ataques de pánico de Alejandra fueron impulsados por la preocupación por su bienestar (infectarse con Coronavirus mientras trabajaba en el hospital), enfermarse y no ser capaz de proporcionar económicamente para sí misma y su familia viviendo en México. Tales preocupaciones se agravaron por la frustración de que tanto Carolina como la madre se habían convencido de que, si se cuidaran con remedios tradicionales de "te de manzanilla", "vasos de vinagre" (beber vinagre de manzana), y "sobadas con alcohol", estarían protegidas del "virus". Alejandra y yo habíamos compartido muchas conversaciones en las que creemos y apoyamos la idea de que la medicina tradicional y los remedios caseros son útiles, especialmente si el paciente cree en su beneficio. Pero en este caso, Alejandra y yo acordamos que la fe de su familia en estas prácticas tradicionales las dejaría con una falsa sensación de seguridad y las pondría en mayor riesgo de quedar expuestas, infectadas y enfermas con COVID-19. Esto fue particularmente angustioso para Alejandra ya que los episodios de cáncer habían dejado a su hermana Carolina con un sistema inmunológico comprometido. Su madre también estaba en alto riesgo dada su edad y circunstancias de salud. Como proveedor de atención médica en primera línea, Alejandra vio la verdadera devastación que COVID-19 podía traer. Sin embargo, se sentía indefensa al cuidar de su familia cuando, en sus propias palabras, "me necesitaban más".

Al considerar un futuro post-COVID-19 de mi práctica privada, constantemente actualizado por la guía del Centro para el

Control de Enfermedades (CDC), la Asociación Americana de Psicología (APA), y otros pienso en lo que nuestra responsabilidad ética y moral implicará a medida que potencialmente reabramos nuestras oficinas y volvamos a la "normalidad".

Antes de que la tinta se seque en este libro y todas las recomendaciones / plazos específicos se han resuelto, me doy cuenta y lamento que mi práctica habrá cambiado significativamente en el futuro previsible. Ya no puedo permitirme mi "abrazo" un saludo tradicional común con mis pacientes, especialmente aquellos que son mayores y por lo tanto inmune-comprometidos. Mi esposo, cuya práctica implica servicios a muchos pacientes refugiados, a menudo puede tener de cuatro a seis familiares y familiares extendidos que se presentan con el paciente para citas programadas. Es una norma de Africa Oriental.

El distanciamiento físico sin duda interferirá con tales hábitos y tendrá un impacto amortiguador en el trabajo que llevamos a cabo. Y mientras lamento la pérdida de lo que "solía ser", Creo que junto con mis pacientes podemos crear formas de conectar y navegar por un futuro donde podamos conservar lo que es esencial para lo que somos de una manera nueva y segura.

Preguntas a tener en cuenta

- ¿Cómo ha impactado la pandemia COVID-19 en su vida?
- ¿Qué hay de la vida de tus seres queridos?
- Como inmigrante, ¿cómo ha impactado esa identidad en la forma en que necesitaba lidiar con las dificultades asociadas con COVID-19?
- ¿Qué estrategias de afrontamiento han funcionado o no han funcionado para usted? ¿Qué papel quiere desempeñar en una sociedad post-pandemia?
- ¿Qué te ayudará a alcanzar esa meta?

- ¿Qué puedes hacer? Si usted está en el campo de la salud, ¿puede abogar por el cambio dentro de su profesión, sus asociaciones y los organismos de concesión de licencias? Incluso si usted no está en el cuidado de la salud, ¿cómo puede abogar por tal cambio con sus funcionarios electos?

EPÍLOGO

Muchas teorías bien desarrolladas, resultados de investigación y experiencias profesionales nunca entran en el discurso público. Permanecen en revistas y libros específicos de ocupación que tienen mucha jerga técnica y son difíciles de leer y mucho menos entender por el público en general. Esto es cierto para la literatura sobre inmigración como lo es en otras áreas.

Esperamos que este libro haga que la información profesional sobre experiencias comunes de inmigración sea más accesible. También hemos mezclado algunos ejemplos de nuestras propias vidas y trabajo para ilustrar cómo los conceptos abstractos pueden ser entendidos en el mundo real.

¿Cuáles son los principales puntos que esperamos que la gente se lleve de este libro? Las migraciones han ocurrido desde que ha habido gente en el planeta Tierra. No hay indicios de que esto disminuya, y mucho menos se detenga, a medida que las interconexiones globales se conviertan en una realidad cada vez mayor. El cambio climático también puede ser un factor creciente que provoca las migraciones.

Afortunadamente, la inmigración es algo bueno. Puede revitalizar nuestras sociedades. Como comentó una vez el presidente de los Estados Unidos, John F Kennedy, "los inmigrantes en todas partes han enriquecido y fortalecido el tejido de la vida estadounidense". En parte, las estadísticas citadas en este libro nos dicen que, en particular con los refugiados de alta necesidad, tenemos que hacer una inversión inicial. Pero también nos dicen que, si lo hacemos sabiamente, los beneficios finales superan con creces los costos iniciales.

Al mismo tiempo, la inmigración plantea muchos desafíos, tanto para los propios migrantes como para sus países adoptados. La gente abandona su país de origen por muchas razones. Algunos emigran porque quieren trabajar con colegas que comparten sus intereses científicos o profesionales. Algunos vienen por mayores oportunidades financieras en una economía cada vez más global. Y algunos vienen a escapar del crimen, la pobreza, la guerra y la persecución.

A pesar de esa diversidad de personas y de razones para emigrar, los inmigrantes comparten algunos desafíos universales. Moverse a cualquier lugar nuevo puede ser estresante en las mejores circunstancias. A menudo se requiere que las personas aprendan nuevos idiomas, costumbres, prácticas, dietas e incluso qué lado de la carretera se supone que deben conducir. Ciertas habilidades sólo son necesarias para funcionar en un nuevo mundo. Pero hay buenas noticias. La investigación de la aculturación ha demostrado que el aprendizaje de nuevas habilidades no nos obliga automáticamente a renunciar a nuestra identidad personal básica.

Tanto para el bien de los inmigrantes como de la sociedad en general, necesitamos aprender cómo podemos tener un mejor sistema individualizado pero coordinado que ayude a los recién llegados a integrarse en una sociedad más amplia. Esto incluye suavizar las transiciones ocupacionales, eliminar las barreras salubres mentales y físicas, fomentar la resiliencia de los inmigrantes y superar los sesgos personales hacia las personas que se ven diferentes a nosotros y a las que estamos acostumbrados.

Esto no significa que tengamos que ser ingenuos y dejar que todos entren por nuestras puertas. Hay malas personas en el mundo, y debemos permanecer atentos a esa realidad. Pero también podemos tomar medidas para reducir la probabilidad de que las personas que sienten que no tienen futuro sean absorbidas por la "publicidad falsa" puesta en marcha por grupos criminales y radicales.

Este tipo de esfuerzos están en el interés de todos nosotros. Como lo demostró la pandemia COVID-19, tenemos escasez en todo tipo de ocupaciones críticas. Algunos inmigrantes están más que calificados para llenar el vacío. Si hablan varios idiomas y tienen experiencia internacional, mucho mejor.

Individuos y sociedades con demasiada frecuencia todavía juegan lo que se ha llamado un "juego de suma cero". Esa actitud supone que hay recursos limitados en el mundo y todos estamos en competencia por ellos. Lo que obtienes tú, no existe para mí, y viceversa. Pero la innovación y la adaptación son una de nuestras mayores fortalezas humanas. Si aprendemos a usar estas cualidades para aumentar los recursos, todos ganamos. Los inmigrantes pueden ser una gran parte de ese camino hacia adelante.

REFERENCIAS

1. Segal, R, Raglan, L, Rank, O. Introduction: In Quest of the Hero. *Quest of the Hero*. 1990; Princeton, N.J.: Princeton University Press
2. Sullivan P, Young Adult Literature: Everyone a Hero: Teaching and Taking the Mythic Journey, *The English Journal*. 1983; 72(7):88-90.
3. United Nations Department of Economic and Social Affairs, *news release*. 09/17/2019. https://news.un.org/en/story/2019/09/1046562
4. United Nations High Commissioner for Refugees (UNHR). Global Trends: Forced Displacement 2019; UNHCR 2020. http://www.unhcr.org/refugee-statistics
5. ESPMI Network. Reconceptualizing refugees and force migration in the 21st century. May 26, 2015. https://refugeereview2.wordpress.com/
6. International Organization for Migration. *Irregular Migrant, Refugee Arrivals in Europe Top One Million in 2015.* https://www.iom.int/news/irregular-migrant-refugee-arrivals-europe-top-one-million-2015-iom
7. Eurostat News Release 48/2020. *612,700 first-time asylum seekers registered in 2019, up by 12% compared to 2018.* March 20, 2020.
8. International Organization for Migration. *Venezuela Refugee and Migrant Crisis.* 2020. https://www.iom.int/venezuela-refugee-and-migrant-crisis
9. U.S. Census Bureau. *Net Migration between the U.S. and Abroad Added 595,000 to National Population Between 2018 and 2019.* December 30, 2019. https://www.census.gov/library/stories/2019/12/net-international-migration-projected-to-fall-lowest-levels-this-decade.html
10. Carrasco, F dJ V. El vía crucis del migrante: demandas y membresía (The migrant via crucis: demands and membership). *Trace* 2018; 73:117-133.

11. International Committee of the Red Cross, *Central American Annual Report, 2019*. https://www.icrc.org/en/document/central-america-annual-report-2019

12. Eurostat. *Migration and migrant population statistics:* statistics explained. May 2020. https://ec.europa.eu/eurostat/statistics-explained/index.php?title=Migration_and_migrant_population_statistics

13. U.S. Department of State – Bureau of Consumer Affairs. *Visas*. https://travel.state.gov/content/travel/en/us-visas/immigrate/employment-based-immigrant-visas.html

14. United Nations High Commissioner for Refugees (UNHR). Refugees. https://www.un.org/en/global-issues/refugees

15. Noe-Bustamante L, Mora L, Lopez M H. *About One-in-Four U.S. Hispanics Have Heard of Latinx, but Just 3% Use It*. 2020; Pew Research Center.

16. Barnhouse AH, Brugler CJ, Harkulich JT. Relocation stress syndrome. *Nurse Diagnosis*. 1992; 3(4):166-168.

17. Berry, J. W., & Kim, U. Acculturation and mental health. In P. R. Dasen, J. W. Berry, & N. Sartorius (Eds.), *Cross-cultural research and methodology series, 1988; Vol. 10. Health and cross-cultural psychology: Toward applications* (p. 207–236). Sage Publications, Inc.

18. American Psychiatric Association. *Diagnostic and statistical manual of mental disorders: DSM-IV-TR*. 2000; Washington, DC: Author.

19. American Psychiatric Association. *Diagnostic and statistical manual of mental disorders (5th ed.)*. 2013; Arlington, VA: Author.

20. World Health Organization. *The ICD-10 classification of mental and behavioural disorders: Clinical descriptions and diagnostic guidelines*. 1992; Geneva: World Health Organization.

21. Ghanem-Ybarra, G.J. *The acculturation process and ethnic self-identification of second generation Christian Palestinian American women*. (Unpublished doctoral dissertation), 2003; California Professional School of Psychology at Alliant International University, San Diego.

22. Cervantes RC, Padilla AM, Napper LE, Goldbach JT. Acculturation-Related Stress and Mental Health Outcomes Among Three Generations of Hispanic Adolescents. *Hispanic Journal of Behavioral Sciences*, 2013; 35(4):451–468.

23. Reimann JOF, Ghulam M, Rodríguez-Reimann DI, Beylouni MF. Project Salaam: Assessing mental health needs among San Diego's

greater Middle Eastern and East African communities. *Ethnicity & Disease. 2007 Summer; 17(2 Suppl 3):S3-39-S3-41.*

24. Montgomery, J. (1996). Components of Refugee Adaptation. *The International Migration Review. 1996;* 30(3):679-702.

25. Ye, HD, Muhamad, HJ. Acculturative Stress Level Among International Postgraduate Students of a Public University in Malaysia. *International Journal of Public Health and Clinical Sciences.* 2017; 4(4):2289-7577.

26. Berry JW. Acculturation. In the *Encyclopedia of Applied Psychology,* 2004; 27-34. Academic Press, Elsevier: Amsterdam.

27. Berry, JW. Theories and models of acculturation. In S. J. Schwartz & J. B. Unger (Eds.), *Oxford library of psychology. The Oxford handbook of acculturation and health, 2017;* (p. 15–28). Oxford University Press.

28. Berry, J. W., Kim, U., Minde, T., & Mok, D. Comparative studies of acculturative stress. *International Migration Review. 1987;* 21:491-511.

29. Perez, RM Linguistic Acculturation and Context on Self-Esteem: Hispanic Youth Between Cultures, *Child and Adolescent Social Work Journal.* 2011; 28(3):203-228.

30. Smokowski, PR, Roderick R, Martica LB. "Acculturation and Latino Family Processes: How Cultural Involvement, Biculturalism, and Acculturation Gaps Influence Family Dynamics." *Family Relations. 2008;* 57(3):295-308.

31. Phinney, J., & Haas, K. The process of coping among ethnic minority first-generation college freshman: a narrative approach. *The Journal of Social Psychology.* 2003; 143:707–726.

32. Tajfel, H., & Turner, J. C. (1986). The social identity theory of intergroup behavior. In S. Worchel & W. G. Austin *Psychology of Intergroup Relations. 1986;* 7–24. Nelson-Hall: Chicago, IL.

33. American Psychological Association. *Discrimination: What it is, and how to cope.* October 31, 2019. https://www.apa.org/topics/racism-bias-discrimination/types-stress

34. American Psychological Association, *Stress in America 2020.* https://www.apa.org/news/press/releases/stress/2020/report-october

35. European Agency for Fundamental Rights. *Second European Union Minorities and Discrimination Survey: Main Results; 2017* https://fra.europa.eu/sites/default/files/fra_uploads/fra-2017-eu-midis-ii-main-results_en.pdf

36. Gonzalez-Barrera A & Lopez, MH. Before COVID-19, many Latinos worried about their place in America and had experienced discrimination. Pew Research Center. *FACTANK*, July 22, 2020. https://www.pewresearch.org/fact-tank/2020/07/22/before-covid-19-many-latinos-worried-about-their-place-in-america-and-had-experienced-discrimination/

37. United States Department of Housing and Urban Development, *Fair Housing Act*. https://www.hud.gov/program_offices/fair_housing_equal_opp/fair_housing_act_overview

38. U.S. Civil Rights Act of 1964. https://www.dol.gov/agencies/oasam/civil-rights-center/statutes/civil-rights-act-of-1964

39. U.S. Equal Employment Opportunity Commission. The Age Discrimination in Employment Act. https://www.eeoc.gov/statutes/age-discrimination-employment-act-1967

40. U.S. Americans with Disability Act. https://www.ada.gov/cguide.htm#anchor62335

41. Lui PP, Quezada L. Associations between microaggression and adjustment outcomes: A meta-analytic and narrative review. *Psychological Bulletin*. 2019; 145(1):45-78.

42. Washington Examiner. https://www.washingtonexaminer.com/washington-secrets/report-illegal-immigration-leads-to-2-200-deaths-118-000-rapes-138-000-assaults

43. Child soldiers. United Nations International Children's Emergency Fund. https://www.unicefusa.org/stories/unicef-working-free-child-soldiers-around-world/35474

44. Perreira KM, Ornelas I. Painful Passages: Traumatic Experiences and Post-Traumatic Stress among Immigrant Latino Adolescents and their Primary Caregivers. *International Migration Review*. 2013; 47(4):976-1005.

45. Nesterko Y, Friedrich M, Brähler E, Hinz A, Glaesmer H. Mental health among immigrants in Germany - the impact of self-attribution and attribution by others as an immigrant. *BMC Public Health*. 2019; 19(1):1697.

46. Bas-Sarmiento P, Saucedo-Moreno MJ, Fernández-Gutiérrez M, Poza-Méndez M. Mental Health in Immigrants Versus Native Population: A Systematic Review of the Literature. *Archives of Psychiatric Nursing*. 2017; 31(1):111-121.

47. The Soufan Center. *Syria: The Humanitarian-Security Nexus*, 2017, Author.

48. Friedman, AR. Rape and domestic violence: the experience of refugee women. In Cole, E., Espin, OM, & Rothblum, ED. *Refugee Women and their Mental Health*. 1992; Harington Park Press: Binghamton: NY

49. Reimann JOF, Christopher R. *The Traumatic Event Sequelae Inventory (TESI): Administration, Scoring, and Procedures Manual (Second Edition)*. Sparks, NV. 2016; Professional, Clinical and Forensic Assessments, LLC.

50. Schnyder U, Bryant RA, Ehlers A, Foa EB, Hasan A, Gladys G, Kristensen CH, Neuner F, Oe M, Yule W. Culture-sensitive psychotraumatology. *European Journal of Psychotraumatology*. 2016; 7:31179.

51. Hinton DE, Lewis-Fernández R. The cross-cultural validity of posttraumatic stress disorder: implications for DSM-5. *Depression and Anxiety*. 2011; 28(9):783-801.

52. Hinton DE, Pich V, Marques L, Nickerson A, Pollack MH. Khyâl attacks: a key idiom of distress among traumatized Cambodia refugees. *Culture, Medicine and Psychiatry*. 2010; 34(2):244-78.

53. Anxiety. American Psychological Association. https://www.apa.org/topics/anxiety

54. Lewis-Fernández R , Gorritz M , Raggio GA , et al: Association of trauma-related disorders and dissociation with four idioms of distress among Latino psychiatric outpatients. *Culture, Medicine and Psychiatry. 2010;* 34(2):219–243.

55. Forte A, Trobia F, Gualtieri F, Lamis DA, Cardamone G, Giallonardo V, Fiorillo A, Girardi P, Pompili M. Suicide Risk among Immigrants and Ethnic Minorities: A Literature Overview. *International Journal of Environmental Research and Public Health*. 2018; 15(7):1438.

56. United Nations Office of Drugs and Crime. *Statistics: Drug use.* https://www.unodc.org/unodc/en/data-and-analysis/statistics/drug-use.html

57. Dydyk AM, Jain NK, Gupta M. *Opioid Use Disorder*. 2020 Nov 20. In: StatPearls [Internet]. 2021; Treasure Island (FL): StatPearls Publishing.

58. Centers for Disease Control and Prevention. *Overdose Deaths Accelerating During COVID-19*. Press Release. December 17, 2020. https://www.cdc.gov/media/releases/2020/p1218-overdose-deaths-covid-19.html

59. Murray, K & Parisi, T. *Addiction and Refugees and Immigrants.* Addiction Center. March 2, 2020. https://www.addictioncenter.com/addiction/refugees-immigrants/

60. Manghi, R, Broers, B. Khan, R. Benguettat, D. Khazaal, Y. Zullino, DF. Khat use: lifestyle or addiction. *Journal of Psychoactive Drugs.* 2009; 41(1):1–10.

61. Salas-Wright CP, Vaughn MG, Clark TT, Terzis LD, Córdova D. Substance use disorders among first-and second-generation immigrant adults in the United States: evidence of an immigrant paradox? *Journal of Studies on Alcohol and Drugs.* 2014; 75(6):958-967.

62. National Institute on Alcohol Abuse and Alcoholism. *Module 10F: Immigrants, refugees, and alcohol.* In Social work education for the prevention and treatment of alcohol use disorders. Washington, D.C. https://slideplayer.com/slide/3841167/

63. Woodward AM, Dwinell AD, Arons BS. Barriers to mental health care for Hispanic Americans: a literature review and discussion. *Journal of Mental Health Administration.* 1992; 19(3):224-36.

64. American Psychiatric Association Fact Sheet: Mental Health Disparities: Hispanics and Latinos. https://www.psychiatry.org/psychiatrists/cultural-competency/education/hispanic-patients

65. Reimann JOF, Ghulam M, Rodríguez-Reimann DI, Beylouni MF. *Bringing communities together for wellness: An assessment of emotional health needs among San Diego's Middle Eastern, North African, and East African groups.* 2005; San Diego: ICSD.

66. Tahirbegolli B, Çavdar S, Çetinkaya Sümer E, Akdeniz SI, Vehid S. Outpatient admissions and hospital costs of Syrian refugees in a Turkish university hospital. *Saudi Medical Journal.* 2016; 37(7):809-12.

67. Physicians for Human Rights. 2000. https://secure.phr.org/

68. Centers for Disease Control and Prevention. *BCG-Vaccine Fact Sheet.* https://www.cdc.gov/tb/publications/factsheets/prevention/bcg.htm

69. United States Drug Enforcement Agency. *Fact Sheets. Rohypnol.* https://www.dea.gov/factsheets/rohypnol

70. Lara M, Gamboa C, Kahramanian MI, Morales LS, Bautista DE. Acculturation and Latino health in the United States: a review of the literature and its sociopolitical context. *Annual Review of Public Health.* 2005; 26:367-397.

71. Rodríguez-Reimann DI, Nicassio P, Reimann JOF, Gallegos PI, Olmedo EL. Acculturation and health beliefs of Mexican Americans regarding tuberculosis prevention. *Journal of Immigrant Health*, 2004; 6:51-62.

72. Shapiro K, Gong WC. Natural products used for diabetes. *Journal of the American Pharmacists Association*. 2002; 42(2):217-226.

73. Liu J, Shi JZ, Yu LM, Goyer RA, Waalkes MP. Mercury in traditional medicines: is cinnabar toxicologically similar to common mercurials? *Experimental Biology & Medicine (Maywood)*. 2008; 233(7):810-817.

74. Vickers AJ, Vertosick EA, Lewith G, MacPherson H, Foster NE, Sherman KJ, Irnich D, Witt CM, Linde K; Acupuncture Trialists' Collaboration. Acupuncture for Chronic Pain: Update of an Individual Patient Data Meta-Analysis. *The Journal of Pain*. 2018; 19(5):455-474.

75. Gutiérrez Á, Young MT, Dueñas M, García A, Márquez G, Chávez ME, Ramírez S, Rico S, Bravo RL. Laboring With the Heart: Promotoras' Transformations, Professional Challenges, and Relationships With Communities. *Family & Community Health*. 2020; Dec 4.

76. Barlow, S. Understanding the Healer Archetype https://susannabarlow.com/on-archetypes/understanding-the-healer-archetype/

77. d'Artis Kancs, Patrizio Lecca Long-term Social, Economic and Fiscal Effects of Immigration into the EU: The Role of the Integration Policy 2017 European Commission, JRC Technical Reports

78. Kosten D. Immigrants as Economic Contributors: Immigrant Tax Contributions and Spending Power. *National Immigration Forum*. https://immigrationforum.org/article/immigrants-as-economic-contributors-immigrant-tax-contributions-and-spending-power/

79. Courthouse News Services. New Americans in San Diego: A Snapshot of the Demographic and Economic Contributions of Immigrants in the County https://www.courthousenews.com/wp-content/uploads/2018/02/immigrant-contributions.pdf

80. Welcoming San Diego. https://www.sandiego.gov/welcomingsd

81. National Academies of Sciences, Engineering, and Medicine. The Economic and Fiscal Consequences of Immigration. Washington, DC: The National Academies Press. 2017. https://doi.org/10.17226/23550.

82. US Bureau of Labor Statistics. TED: The Economics Daily, May 24, 2017 https://www.bls.gov/opub/ted/2017/

foreign-born-workers-made-83-point-1-percent-of-the-earnings-of-their-native-born-counterparts-in-2016.htm

83. Reimann, JOF. *Factors of culture, socioeconomic status, minority group membership, and gender in the career choice flexibility of Mexican Americans on the U.S.-Mexico Border: A structural model.* Dissertation Abstracts International: Section B: the Sciences & Engineering. Vol. 57(9-B), March 1997. Available through WorldCat. https://www.worldcat.org/

84. Krumboltz, JD. The wisdom of indecision. *Journal of Vocational Behavior.* 1992; 41:239-244.

85. Etzel JM, Nagy G, Terence JG, Tracey TJG. The Spherical Model of Vocational Interests in Germany. *Journal of Career Assessment.* 2015; 24 (4):701–717.

86. Alegría M, Mulvaney-Day N, Torres M, Polo A, Cao Z, Canino G. Prevalence of psychiatric disorders across Latino subgroups in the United States. *American Journal of Public Health.* 2007; 97(1):68-75.

87. Arnetz J, Rofa Y, Arnetz B, Ventimiglia M, Jamil H. Resilience as a protective factor against the development of psychopathology among refugees. *Journal of Nervous and Mental Disease.* 2013; 201(3):167-72.

88. American Psychological Association. *Crossroads the psychology of immigration in the new century.* Report of the APA presidential task force on immigration. 2012.

89. Chiswick, BR, Miller W. The "Negative" Assimilation of Immigrants: A Special Case. *Industrial and Labor Relations Review.* 2011; (64)3:502–525.

90. Hayes-Bautista, DE, Hsu P, Hayes-Bautista M, Iñiguez D, Chamberlin, CL, Rico C, Solorio R. An Anomaly Within the Latino Epidemiological Paradox. The Latino Adolescent Male Mortality Peak. *Archives of Pediatrics & Adolescent Medicine.* 2002; 156:480-484.

91. Smith DP, Bradshaw BS. Rethinking the Hispanic paradox: death rates and life expectancy for US non-Hispanic White and Hispanic populations. *American Journal of Public Health.* 2006; 96(9):1686–92.

92. Goleman D. *Emotional Intelligence: Why It Can Matter More Than IQ.* 1995 Bantam Books: New York New York

93. U.S. Health & Human Services, Office of Minority Health. *Cultural competence described.* https://minorityhealth.hhs.gov/omh/browse. aspx?lvl=1&lvlid=6

94. Freimuth, VS, Quinn, SC, Thomas, SB, Cole G., Zook E., Duncan, T. African Americans' views on research and the Tuskegee Syphilis Study. *Social Science & Medicine.* 2001; 52:797-808.

95. Lackland DT, Sims-Robinson C, Jones Buie JN, Voeks JH. Impact of COVID-19 on Clinical Research and Inclusion of Diverse Populations. *Ethnicity & Disease.* 2020; 30(3):429-432.

96. Reimann JOF, Talavera GA, Salmon M, Nuñez J, Velasquez RJ. Cultural competence among physicians treating Mexican Americans who have diabetes: A structural model. *Social Science & Medicine.* 2004; 59:2195-2205.

97. Reimann, JOF, Rodríguez-Reimann, DI. (2010) Community based health needs assessments with culturally distinct populations. In A. Pelham & E. Sills (Eds.) *Promoting Health & Wellness in Underserved Communities: Multidisciplinary Perspectives through Service Learning Series* (pp.82-100), Sterling, VA: Stylus Publishing.

98. U.S. Health & Human Services, Office of Minority Health. The National CLAS Standards. https://minorityhealth.hhs.gov/omh/browse.aspx?lvl=2&lvlid=53

99. Mews C, Schuster S, Vajda C, et al. Cultural Competence and Global Health: Perspectives for Medical Education - Position paper of the GMA Committee on Cultural Competence and Global Health. *GMS Journal for Medical Education.* 2018; 35(3):1-17

100. US Department of Health & Human Services, Office of Disease Prevention & Health Promotion. *Healthy People 2020.* Disparities Section https://www.healthypeople.gov/2020/about/foundation-health-measures/Disparities

101. Reimann JOF, Ghulam M, Rodríguez-Reimann DI, Beylouni MF. *Bringing communities together for wellness: An assessment of emotional health needs among San Diego's Middle Eastern, North African, and East African groups.* 2005, San Diego: ICSD.

102. Reimann JOF, Rodríguez-Reimann DI, Medina M. *Proyecto Salud Libre: An assessment of the mental health needs in Imperial County's communities.* 2006; Brawley, CA: Clinicas de Salud del Pueblo.

103. Reimann JOF, Rodríguez-Reimann DI, Talavera GA. *Cultural competence in the licensure of health care professionals. Final Report to the US Department of Health & Human Services*, Office of Minority Health 2003

104. Cooper-Patrick, L, Gallo, JJ, Gonzales, JJ, Vu, HT, Powe, NR, Nelson, C, & Ford, DE (1999). Race, gender, and partnership in the patient-physician relationship. *Journal of the American Medical Association*, 1999; 282:583-589.

105. Komaromy, M, Grumbach, K, Drake, M, Vranizan K, Lurie N, Keane D, Bindman AB. (1996) The role of black and Hispanic physicians in providing health care for underserved populations. *New England Journal of Medicine*, 1996, 334:1305-1310.

106. Hayes-Bautista, DE (1997). Workforce issues and options in the border states. *Journal of Border Health*. 1997; 4:12-20.

107. Dawson-Saunders B, Iwamoto CK, Ross L, Volle RL, Nungester, RJ Performance on the National Board of Medical Examiners. Part I Examination by men and women of different race and ethnicity. *The Journal of the American Medical Association*. 1994; 272(9):674-9

108. Swanson DB, Bowles LT. Letter to the editor. *Evaluation & the Health Professions*. 1996; 19(2):412-419.

109. Werner, E. A review of the Examination for Professional Practice in Psychology. 1991; Sacramento: California Department of Consumer Affairs.

110. Kelsey, SL & Werner E. An analysis of factors associated with adverse impact in the July 1985 registered nurses licensing examination. 1986 Sacramento CA: California Department of Consumer Affairs.

111. Nowrasteh, A. Illegal Immigrants and Crime – Assessing the Evidence. Cato Institute. March 4, 2019. https://www.cato.org/blog/illegal-immigrants-crime-assessing-evidence

112. Ousey, GC, Kubrin, CE. (2018). "Immigration and Crime: Assessing a Contentious Issue". *Annual Review of Criminology*. 2018; (1):63–84.

113. Sampson RJ. Rethinking crime and immigration. *Contexts. 2008*; 7(1):28-33.

114. Sydes, M. Immigration, Ethnicity, and Neighborhood Violence: Considering Both Concentration and Diversity Effects. *Race and Justice*. 2019 09-18.

115. Bianchi, M. Buonanno, P. Pinotti, P. "Do Immigrants Cause Crime?" *Journal of the European Economic Association*. 2012; 10(6):1318–1347.

116. Donato Di Carlo, D, Schulte-Cloos, J, Saudelli G. Has immigration really led to an increase in crime in Italy? *European Politics and Policy or the London School of Economics*. March 3, 2018.

117. Banks, James (2011-05-01). "Foreign National Prisoners in the UK: Explanations and Implications." *The Howard Journal of Criminal Justice.* 2011; 50(2):184–198.

118. Alonso, C., Garoupa, Nuno; Perera, Marcelo; Vazquez, Pablo. Immigration and Crime in Spain, 1999–2006. FEDEA. 01/01/2008.

119. Mohdin, Aamna. "What effect did the record influx of refugees have on jobs and crime in Germany? Not much". *Quartz.* Retrieved 2017-02-03.

120. Skarðhamar, Torbjørn; Thorsen, Lotte R.; Henriksen, Kristin (12 September 2011). Kriminalitet og straff blant innvandrere og øvrig befolkning [Crime and punishment among immigrants and non-immigrants] (PDF) (in Norwegian). 2019; Oslo: Statistics Norway. pp. 9-28.

121. Mastrobuoni, Giovanni; Pinotti, Paolo (2015). Legal Status and the Criminal Activity of Immigrants. *American Economic Journal: Applied Economics.* 2015; 7(2):175–206.

122. United Nations Office of the Special Representative of the Secretary-General on Sexual Violence in Conflict. *Report – Somalia.* June 3, 2020. https://www.un.org/sexualviolenceinconflict/countries/somalia/

123. American Civil Liberties Union. *Human Trafficking: Modern Enslavement of Immigrant Women in the United States.* 2020. https://www.aclu.org/other/human-trafficking-modern-enslavement-immigrant-women-united-states

124. Samuel Fikiri Cinini. A Victimological exploration of the victimisation vulnerability of a group of foreign nationals in the city of Durban, 2015, Masters of Social Sciences Thesis, School of Applied Human Sciences, Department of Criminology and Forensic Studies, University of KwaZulu-Natal

125. Bove, V; Böhmelt, T. Does Immigration Induce Terrorism? *The Journal of Politics.* 2016; 78(2):572–588.

126. U.S. Department of Homeland Security, National Terrorism Advisory System. *Bulletin.* January 27, 2021 https://www.dhs.gov/sites/default/files/ntas/alerts/21_0127_ntas-bulletin.pdf

127. Horgan, J.G. (2017). Psychology of terrorism: introduction to a special issue. *American Psychologist,* 2017; 72:199-204.

128. Merari, A. Driven to death: Psychological and social aspects of suicide terrorism. 2010; Oxford, UK: Oxford University Press.

129. Victoroff, J. The mind of a terrorist: A review and critique of psychological approaches. *The Journal of Conflict Resolution*. 2005; 49:2-42.

130. Gupta, D.K. The leadership puzzle in terrorism study. In U. Kummar & M.K. Manddal (Eds.). *Countering terrorism: psychosocial strategies*. 2012; (pp. 143-160) New Delhi, India: Sage Publications.

131. Ellis, H.B. & Abdi, S.M. Building community resilience to violent extremism through genuine partnership. *American Psychologist*, 2017; 72:289-300.

132. Twenge JM, Joiner TE. U.S. Census Bureau-assessed prevalence of anxiety and depressive symptoms in 2019 and during the 2020 COVID-19 pandemic. *Depression and Anxiety*. 2020; (37)10:947-1059.

133. Pollard MS, Tucker JS, Green HD Jr. Changes in Adult Alcohol Use and Consequences During the COVID-19 Pandemic in the U.S. *JAMA Network Open*. 2020; Sep 1;3(9).

134. Torales J, O'Higgins M, Castaldelli-Maia JM, Ventriglio A. The outbreak of COVID-19 coronavirus and its impact on global mental health. *International Journal of Social Psychiatry*. 2020; Jun;66(4):317-320.

135. Gelatt J. Migration Policy Institute. *Fact Sheet. Immigrant Workers: Vital to the U.S. COVID-19 Response, Disproportionately Vulnerable*. March 2020. https://www.migrationpolicy.org/research/ immigrant-workers-us-covid-19-response

136. Migration Policy Institute. *The central role of immigrants in the US food supply chain*. April 2020. https://www.migrationpolicy.org/content/ essential-role-immigrants-us-food-supply-chain

137. Panjwani, A. UK has one of the highest levels of foreign-born doctors and nurses in the EU. *Full Fact*, December 2, 2019. https://fullfact.org/health/foreign-born-nhs-eu/

138. Dempster H & Smith R. *Immigrant health workers are on the Covid 19 frontline. We need more of them*. Center for Global Development. https://www.cgdev.org/blog/ migrant-health-workers-are-covid-19-frontline-we-need-more-them

139. Amnesty International, Global: *Amnesty analysis reveals over 7,000 health workers have died from COVID-19*, 3 September

2020, https://www.amnesty.org/en/latest/news/2020/09/
amnesty-analysis-7000-health-workers-have-died-from-covid19/

140. Ewing W. Immigrant healthcare workers play a vital role in the United States COVID–19 response. *Immigration Impact*. March 24, 2020
https://immigrationimpact.com/2020/03/24/health-care-workers-covid19-immigrants/#.YQ3NQohKiUk

141. Smith, Y. *Physician Shortage*
https://www.news-medical.net/health/Physician-Shortage.aspx

142. Global Skills Partnership. Center for Global Development.
https://www.cgdev.org/page/global-skill-partnerships

GLOSARIO

La Aculturación se define generalmente como la modificación cultural y la adaptación de un individuo, grupo o personas mediante el aprendizaje e integración de rasgos y normas de otra cultura. La aculturación no es un concepto de un solo tamaño en el sentido de que puede tomar muchas formas.

El Estrés de la Aculturación se refiere a los desafíos psicológicos que implica la adaptación a una nueva cultura. Este estrés puede ser significativo, especialmente cuando la aculturación implica cambios importantes en la vida como aprender un nuevo idioma, reducción en el estado económico, enfrentar la discriminación en un nuevo país, etc. El estrés de la aculturación ha sido reconocido como un área de preocupación clínica en la Clasificación Internacional de Enfermedades, Décima Revisión, (ICD-10) y el Manual Diagnóstico y Estadístico de los Trastornos Mentales, Quinta Edición (DSM–5).

Anglo generalmente se refiere a las personas que son habitantes nativos de habla inglesa de las Américas. Es un término a menudo utilizado por los latinos para describir a los blancos nativos de los EE.UU., aunque esa no es la aplicación exclusiva de la expresión.

La Ansiedad es una condición emocional a menudo marcada por el miedo, el nerviosismo, la agitación, la preocupación y la inquietud. Si no es extrema y/o persistente, la ansiedad puede ser una parte normal de la vida. Pero una ansiedad más grave que interfiere con las actividades de la vida diaria puede justificar un diagnóstico clínico y requerir tratamiento. Ansiedad más sustancial puede resultar en ataques de pánico que incluyen síntomas físicos tales como dificultad para respirar, aumento de los latidos del corazón, sudoración, sensaciones de hormigueo, náuseas, y angustia digestiva.

La Asimilación (Cultural) es el proceso por el cual un grupo inmigrante y/o minoritario asume los valores, comportamientos y creencias de la cultura dominante dentro de un país o región. A diferencia de otras formas de aculturación, la asimilación generalmente supone que el proceso también implica la pérdida de normas culturales, creencias, hábitos y valores que las personas habían defendido anteriormente.

Asilo es un término utilizado en el contexto de los refugiados a los que se les ha concedido un estatus migratorio legal específico en un país en el que han entrado. Para que se les conceda asilo, las personas tienen que demostrar que fueron perseguidas en el pasado, o que tienen un temor fundado de ser perseguidos en el futuro si regresan al país de origen. Las personas que huyen de sus hogares, a menudo con prisa, no tienden a tener mucha documentación formal sobre las amenazas que estaban bajo.

Competencia Cultural: La Oficina de Salud de las Minorías de los Estados Unidos define esto como "tener la capacidad de funcionar eficazmente como individuo y organización en el contexto de creencias culturales, comportamientos y necesidades de sus consumidores y sus comunidades." A nivel internacional, la investigación y la promoción de competencias culturales también hace hincapié en la salud mundial. Como tal, busca comprender las interconexiones entre regiones, grupos culturales, cambio climático, ecosistemas y realidades políticas a medida que afectan la salud y el bienestar.

La Acción Diferida para los Llegados en la Infancia (DACA) es (a partir de este escrito) una política de inmigración de los Estados Unidos que permite a algunos inmigrantes que no han cometido crímenes y han sido llevados a los Estados Unidos cuando eran niños a recibir un aplazamiento que les impida ser deportados y les permita trabajar en los Estados Unidos. Para ser elegible para el programa, los beneficiarios no pueden tener delitos o delitos menores en sus registros. No proporciona un camino a la ciudadanía. La política fue implementada por el entonces presidente Barack Obama el 15 de junio de 2012. DACA ha sido un punto de discordia en la política estadounidense, y su futuro sigue siendo incierto.

La Depresión es un trastorno mental que a menudo se caracteriza por tristeza, aislamiento social, problemas para dormir, llanto, pérdida de interés en diversas actividades que fueron placenteras en el pasado, disminución de la energía física, reducción de la autoconfianza, dificultades para enfocarse y concentrarse, así como una serie de otros síntomas. En circunstancias más severas puede conducir a ideas suicidas e incluso suicidio completado. La depresión puede ser causada por estrés ambiental/problemas personales, factores biológicos/genéticos, enfermedades físicas graves, efectos secundarios de medicamentos y las secuelas del embarazo. Algunos episodios pueden ser cortos y transitorios, mientras que otros ocurren una y otra vez.

La Discriminación es un comportamiento básico que surge de sesgos y prejuicios. Es el trato injusto hacia grupos de personas. La discriminación puede dirigirse a una variedad de estos grupos en función de su raza, color de piel, género, orígenes nacionales, orientación sexual, discapacidad, religión y muchos otros factores.

La Identidad Étnica es el grado en que una persona se identifica con un grupo étnico o grupos en particular. Esto se ha postulado como la inclusión de la forma en que entendemos, etiquetamos y sentimos acerca del grupo con el que nos identificamos, así como otros grupos. Tiende a reflejarse en las acciones que tomamos en torno a estos temas. En resumen, es como nos vemos a nosotros mismos y a nuestro lugar en la sociedad. No es estática, pero puede cambiar a medida que maduras y obtienes nuevas experiencias. El concepto se puede ampliar a la "identidad cultural" que incluye la orientación sexual, la religión o la espiritualidad, el estatus socioeconómico y muchas otras agrupaciones.

La Inteligencia Emocional es la capacidad de ser consciente, controlar y expresar las emociones de manera efectiva. La inteligencia emocional dinámica aumenta la posibilidad de que una persona sea capaz de manejar las relaciones interpersonales cuidadosamente y con empatía. A menudo se cree que la inteligencia emocional tiene cinco componentes básicos: autoconciencia, autorregulación, motivación interna, empatía y habilidades sociales.

Extranjero Nacional es una persona que tiene la ciudadanía en un país extranjero.

Los Estudiantes Extranjeros son aquellos que vienen a estudiar a un país extranjero bajo una visa educativa particular. En los Estados Unidos, esto puede ser una visa F-1 o M-1. Los estudiantes que estudian en un país que no es el suyo a menudo lo hacen con la premisa de que volverán a casa cuando los estudios se realizan.

El Estado Generacional se refiere a cuánto tiempo ha estado una unidad individual o familiar en un país. Si eres de origen extranjero, te consideran "la primera generación". Si tus padres nacieron en un país extranjero, pero tú no lo eras, eres "la segunda generación".

El Modelo de Creencia de Salud (HBM,) es una construcción social/psicológica que busca explicar y predecir acciones relacionadas con la salud. El HBM sugiere que las creencias de las personas en torno a los problemas de salud, los beneficios percibidos de la acción, las barreras a dicha acción y la autoeficacia explican por qué participarán o no en comportamientos saludables. Nuestra investigación ha encontrado que las diversas partes del HBM son todas importantes. Pero la forma en que se conectan e interactúan entre sí puede variar de una cultura a otra.

Bicultural Altamente Integrado es un tipo de aculturación en la que las personas mantienen prácticas relevantes de su país de origen, pero también adoptan prácticas de su nuevo país. En otras palabras, las personas mantienen cierto grado de integridad de la cultura doméstica. Al mismo tiempo, aprenden a participar como parte vital de la red social más grande de su nuevo país. Esto tiene el potencial de ser un enfoque "mejor de ambos mundos".

País de Origen es el país del que provienen las personas (por ejemplo, por nacimiento, ciudadanía, etc.)

País Anfitrión es el nuevo país que los inmigrantes han entrado.

Un Inmigrante es una persona que ha venido a vivir permanentemente en un país que no es su lugar de nacimiento y / o ciudadanía. La clave aquí es la palabra "permanentemente". Como tal, no se aplica a las personas que son turistas o que visitan un condado extranjero para trabajar temporalmente.

La Paradoja de los Inmigrantes (también conocida como "Paradoja Latina" o "Paradoja Hispana") se refiere a la investigación que muestra que los inmigrantes de primera generación tienden a tener resultados de salud que son aproximadamente equivalentes (o a veces mejores que) sus homólogos nativos. Esto se considera una paradoja porque los inmigrantes de primera generación a menudo tienen ingresos y educación promedio más bajos, factores que generalmente están relacionados con peores tasas de salud y mayores tasas de mortalidad en todo el mundo.

Un Migrante es una persona que se está mudando de un país a otro. Esto a veces se aplica a las personas que vienen a un territorio extranjero para trabajar (por ejemplo, trabajadores agrícolas migrantes) con la posible intención de regresar periódicamente a casa.

Nopales es la palabra española para Opuntia cacto (cactus de pera). Los nopales son con frecuencia parte de una dieta mexicana y tienen fama de ser buenos para las personas que tienen diabetes. Varios estudios de investigación han encontrado que los nopales pueden ayudar con el control glucémico. Como tal, es un ejemplo de práctica tradicional eficaz.

La Discriminación Percibida no pretende implicar que las experiencias de discriminación y racismo de las personas sean falsas. El término "percibido" se utiliza a veces en la investigación porque es percepciones (conciencia) que tienden a impulsar actitudes y estrategias conductuales.

Los Trastornos de la Personalidad son enfermedades mentales que involucran patrones a largo plazo de pensamientos y comportamientos inflexibles y disfuncionales. Pueden causar problemas graves que se repiten en todos los aspectos de la vida de una persona, incluidas las relaciones y el trabajo. Las personas con trastornos de la personalidad son a menudo volátiles y tienen problemas para mantener cualquier relación a largo plazo.

El Trastorno de Estrés Postraumático (TEPT) es una condición mental que se desencadena en algunas personas porque han experimentado o presenciado un evento aterrador (por ejemplo, experiencias de guerra, agresión sexual, un accidente automovilístico importante, un accidente industrial con lesiones significativas). Los síntomas comunes pueden incluir pensamientos intrusivos sobre el evento, ansiedad severa, recuerdos al evento, evitar cualquier cosa que recuerde a las personas del evento, pesadillas, ansiedad, depresión, dificultades para pensar y concentrarse. El trastorno de estrés puede ser bastante común en los refugiados o soldados que han tenido malas experiencias en la guerra.

Promotora (también conocida como Community Health Worker) es un miembro y líder de la comunidad latina a menudo autodidacta que proporciona consejos de salud en el vecindario. Esta ha sido una tradición común desde hace algún tiempo. Los investigadores y proveedores profesionales ahora tienden a buscar promotoras porque tienen el oído de su comunidad. A menudo capacitan a estas personas en salud pública y las emplean como enlaces para obtener la información necesaria sobre la prevención, el tratamiento y los servicios relacionados. El concepto básico de trabajador de salud comunitario no se limita a los latinos. Hemos utilizado un enfoque similar con las poblaciones de Oriente Medio y el Este africano.

Un Refugiado es alguien que se ha visto obligado a emigrar de su país de origen debido a las amenazas para él o ella misma. Este término es un poco complicado porque a veces se aplica ampliamente a cualquier inmigrante que se vio obligado a migrar. Pero sobre una base más formal, tiende a referirse a un estatus legal específico. Por ejemplo, de acuerdo con el título VIII de la Sección 1100 y 1A 42 del Código de los Estados Unidos, un refugiado es un extranjero que no puede o no está dispuesto a regresar a su país debido a la persecución, o un temor fundado a la persecución, debido a la raza, religión, nacionalidad, pertenencia a un grupo social en particular u opinión política. Un extranjero no puede calificar para este estatus si ha perseguido a otros, ha sido reasentado firmemente en un tercer país o ha sido condenado por un cierto delito grave. Los parámetros jurídicos específicos en torno al estatuto de refugiado tienden a variar de un país a otro.

Tradicional en el contexto de este libro se refiere a las normas culturales y nacionales que un inmigrante experimentó en su país de origen. En el contexto de la aculturación, algunas personas eligen mantener tales normas y tradiciones y permanecer relativamente separados de la sociedad en general de su país adoptivo.

El Traumatismo puede incluir lesiones físicas, angustia psicológica o alguna combinación de ambos. El trauma físico se refiere a una lesión clínicamente grave en el cuerpo. Muy a menudo esto se divide en "trauma de fuerza contundente" cuando algo golpea, pero no necesariamente penetra en el cuerpo. Esto puede causar conmociones cerebrales, huesos rotos y lesiones similares." Trauma penetrante" se refiere a circunstancias en las que algún objeto ha perforado la piel del cuerpo, por lo general resultando en una lesión abierta. El trauma psicológico se refiere a trastornos cognitivos y emocionales que pueden surgir de uno o más eventos angustiosos (por ejemplo, guerra, violencia doméstica, accidentes automovilísticos e industriales, abuso sexual y explotación). Experimentar directamente o incluso presenciar tales eventos a menudo causa un estrés abrumador que una persona no puede hacer frente. En muchos incidentes, el trauma físico y psicológico ocurren juntos. Además, algunas personas experimentan "trauma acumulativo" que involucra no uno sino un conjunto prolongado de eventos dañinos. Un ejemplo en el lado físico es el síndrome del túnel carpiano. En el ámbito psicológico, una serie implacable de experiencias negativas puede aumentar la angustia. Este puede ser el caso incluso si los eventos individuales son, en sí mismos relativamente menores (como en la micro agresión).

ÍNDICE

AGRADECIMIENTOS

Muchas personas han moldeado directa o indirectamente el contenido de este libro. El Sr. William Romo y la Sra. Dolores J. Rodríguez proporcionaron comentarios esenciales sobre nuestros borradores iniciales para la edición en Ingles "*Immigrant Concepts: Life Paths to Integration.*" Para la traducción en español estamos eternamente agradecidos por la colaboración con la Sra. Leticia Gloria que además de ser líder en la traducción en español también realizó gran parte de la investigación sobre la historia familiar del Sr. Felipe Romo. Así mismo, agradecemos la asistencia de la Sra. María Antonia Rodríguez y el Señor Juan Martínez con sus asistencias en el reviso de la versión en español. Nuestra editora, la Sra. Leslie Schwartz, nos ayudó a encontrar el estilo adecuado para usted, el lector. También hizo preguntas importantes sobre nuestros temas que no habíamos pensado de otra manera. Además, estamos agradecidos al Sr. David Wogahn, quien nos guio a través de las muchas piezas complejas involucradas en la publicación de un libro.

También queremos reconocer a los amigos y colegas que trabajaron con nosotros en proyectos citados en este libro. Lo más central es que se trata de nuestro amigo y socio, el Dr. Harve S. Meskin, cofundador del Grupo de Reasentamiento y Evaluación de Inmigrantes (GIRA), así como el Dr. Mehboob Ghulam, el Dr. Fouad Beylouni, la Sra. María Elena Patiño, la Sra. Aida Amar y el Dr. Gregory Talavera. También hemos agradecido nuestro trabajo con los líderes de las comunidades locales de África Oriental, en particular el Sr. Ahmed Sahid, presidente y Director General del Servicio de Familia Somalí de San Diego y el Sr. Abdi Mohamoud, presidente y Director General de la organización Cuerno de África.

Lo más importante es que queremos agradecer a nuestros muchos pacientes y clientes que compartieron sus historias de vida con nosotros a lo largo de los años. No pueden ser nombrados aquí debido a las regulaciones de confidencialidad. Pero sus experiencias están en el corazón tanto del contenido de este libro como de nuestra motivación para escribirlo

ACERCA DE LOS AUTORES

 **Joachim "Joe" Reimann, Ph.D.** nació en Berlín, Alemania. Su familia emigró a los Estados Unidos cuando él tenía 10 años. En la actualidad Joachim es psicólogo clínico y presidente del Grupo de Reasentamiento y Evaluación de Inmigrantes. Tiene una larga historia de trabajo con comunidades de inmigrantes y es ex presidente de la Junta de Servicios Familiares Somalíes de San Diego. Mientras que anteriormente en la facultad adjunta de la Escuela de Posgrado de Salud Pública de la Universidad Estatal de San Diego, Joachim recibió apoyo de la Oficina de Salud de las Minorías de los Estados Unidos, el Centro Nacional de Disparidades de Salud de las Minorías, y los Centros De Excelencia Hispanos. Su investigación ha sido publicada en Social Science & Medicine, The American Journal of Preventive Medicine, Ethnicity & Health, Journal of Clinical Psychology y otros medios de comunicación. El doctorado de Joachim también tiene un área de énfasis en Psicología Organizacional. En consecuencia, ha sido parte de varios proyectos de desarrollo de la fuerza laboral y ocupó cargos directivos en el gobierno local y el sector privado a lo largo de su carrera. Esto le permite

entender mejor los problemas de los inmigrantes en torno a la carrera y el empleo.

Dolores I. Rodríguez-Reimann, Ph.D. Nació en Piedras Negras, México. Su familia emigró a los Estados Unidos cuando ella tenía 15 años. Dolores, psicóloga bilingüe y bicultural (inglés/ español), ha trabajado con poblaciones inmigrantes y refugiadas durante muchos años. Las esferas específicas incluyen la práctica clínica privada, los servicios contratados a través de Survivor of Torture International, y la investigación financiada. En la actualidad, Dolores es ejecutiva del Grupo de Reasentamiento y Evaluación de Inmigrantes. Mientras era miembro de la facultad adjunta de la Escuela de Posgrado de Salud Pública de la Universidad Estatal de San Diego, recibió becas y apoyo por contrato a través del Instituto Nacional del Corazón, Pulmón y Sangre (NHLBI), el Instituto Nacional del Cáncer (NCI), y la Oficina de Salud de las Minorías de los Estados Unidos. Su investigación sobre la aculturación y temas relacionados ha sido publicada en Ethnicity & Disease y Journal of Immigrant Health. Dolores también ha servido en múltiples posiciones de liderazgo organizacional sobre su carrera.

Lightning Source UK Ltd.
Milton Keynes UK
UKHW010912141221
395640UK00003B/326